손으로 쓰면서 외우는
JLPT N2
30일 완성

손으로 쓰면서 외우는
JLPT N2 30일 완성

1판 1쇄 발행 2016년 7월 15일

2판 3쇄 발행 2024년 2월 10일

지 은 이   나무

펴 낸 이   최수진

펴 낸 곳   세나북스

출판등록   2015년 2월 10일 제300-2015-10호

주   소   서울시 종로구 통일로 18길 9

홈페이지   http://blog.naver.com/banny74

이 메 일   banny74@naver.com

전화번호   02-737-6290

팩   스   02-6442-5438

I S B N   **979-11-87316-28-2 13730**

이 도서의 국립중앙도서관 출판예정도서목록(CIP)은 서지정보유통지원시스템
홈페이지(http://seoji.nl.go.kr)와 국가자료공동목록시스템(http://www.
nl.go.kr/kolisnet)에서 이용하실 수 있습니다.
(CIP제어번호 : CIP2018019198)

개정판

손으로 쓰면서 외우는

JLPT N2 30일 완성

나 무 지음

문법편

세나북스

오감을 이용해
기억력을 높이는'필사 공부법'

사람의 기억력을 높이는 방법에는 여러 가지가 있습니다.

첫 번째 방법은 '최대한 많은 감각을 이용하는 것'입니다. 일본어를 공부할 때도 단지 눈으로만 보기보다는 오감을 이용하는 편이 더 많이, 오랫동안 기억이 되어 공부에 도움이 됩니다.

예를 들어 '딸기'라는 뜻의 일본어 'イチゴ'를 외울 때, 눈으로 보고(시각), 손으로 쓰면서(촉각) 입으로 소리 내어 읽고(청각), 딸기 향기를 맡은 후(후각) 먹으면서(미각) 외운다면 오감을 모두 이용한 것으로서 기억력을 높일 수 있다는 의미입니다.

일본의 생물학자이자 민속학에도 조예가 깊었던 '미나카타 구마쿠스(南方熊楠)'는 공부할 때 '필사법'을 활용한 것으로 유명합니다. 미나카타의 방대한 독서량과 탁월한 기억력은 전설적이었는데 대영박물관의 도서관에서 무려 500여 권에 이르는 책을 필사했다고 합니다. 이런 그의 노력은 그를 다방면에 걸친 해박한 지식인으로 만들어 주었습니다.

이 책은 감각을 이용하는 '필사'를 통해 공부하는 책입니다. 눈으로 보고 손으로 쓰고 느끼며 공부하는 것으로, 각 문장을 소리 내 읽으면서 필사를 하면 더욱 효과적입니다. 특히 외국어는 단어 하나하나를 따로 외우기보다는 문장을 통째로 외우면 문법과 글자, 의미를 동시에 이해할 수 있기 때문에 각 표현마다 문장을 하나씩 선택해서 외우는 것을 적극 추천합니다.

주기적인 반복을 통한 기억력 높이기

두 번째로 기억력을 높이는 방법은 '반복'입니다. 사람이 기억한 내용을 잊어버리는 단계를 인지하고 그에 맞춰 일정한 주기로 반복하면 기억을 좀 더 효율적으로 유지할 수 있습니다.

심리학 교수 다니엘 샥터가 제창한 '에빙하우스의 망각곡선'은 사람이 기억했던 것을 잊어가는 과정, 즉 망각해 가는 단계를 정리한 이론입니다. 이에 따르면 사람은 무언가를 기억한 후 채 10분도 지나기 전에 잊어버리기 시작해 20분이 지나면 이미 40% 이상을 잊어버리고 한 달 뒤에는 외웠던 내용 중 겨우 21% 정도밖에 기억하지 못한다고 합니다.

그래서 이 책에서는 9일간 공부하고 10일째 되는 날, 앞서 공부한 내용 전체를 다시 한 번 반복할 수 있도록 리뷰Review를 넣었습니다. 1일 치를 필사한 후 다시 한 번 눈으로 읽은 뒤 공부를 끝내고 다음 날에는 전날 학습 내용을 반드시 읽어본 후 다음 필사를 합니다.

이처럼 1시간, 하루, 3일, 일주일, 한달 등 주기적으로 내용을 복습하면 오랫동안 기억을 유지할 수 있습니다.

본인 상황에 맞는 예문 만들어 보기

마지막으로 추천하는 공부 방법은 주어진 예문 이외에 본인의 현재 상황에 맞는 '예문을 직접 만들어 보는 것'입니다. 사람은 자신과 밀접한 관계가 있는 것, 흥미가 있는 것을 그렇지 않은 것보다 더 잘 기억한다고 합니다. 마음으로 공감되는 내용은 머리뿐 아니라 가슴에 강하게 남습니다.

제시된 예문을 보고 베껴 쓴 다음 자신의 상황에 맞는, 혹은 현재 본인이 하고 싶은 말을 예문으로 만들어 보시기 바랍니다.

위의 세 가지 방법을 활용한다면 단 한 번의 학습만으로도 일본어 실력 향상에 큰 효과를 얻을 수 있을 것입니다.

저자 나무

Contents

Chapter 2. 여러 가지 의미가 있는 단어들

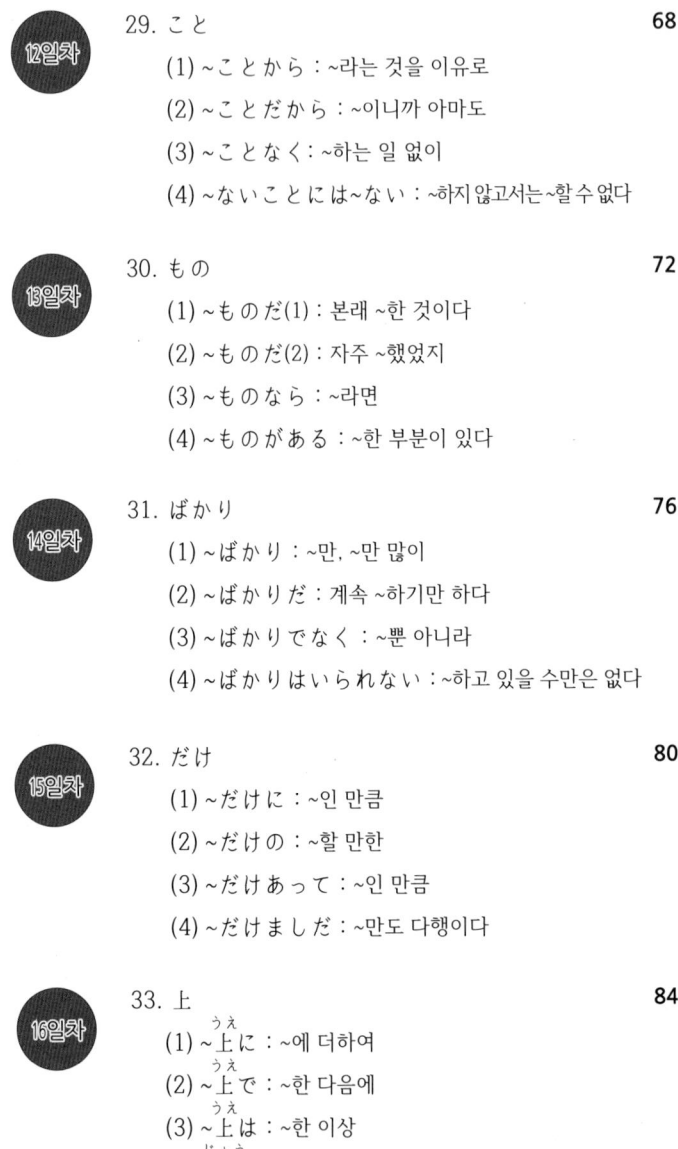

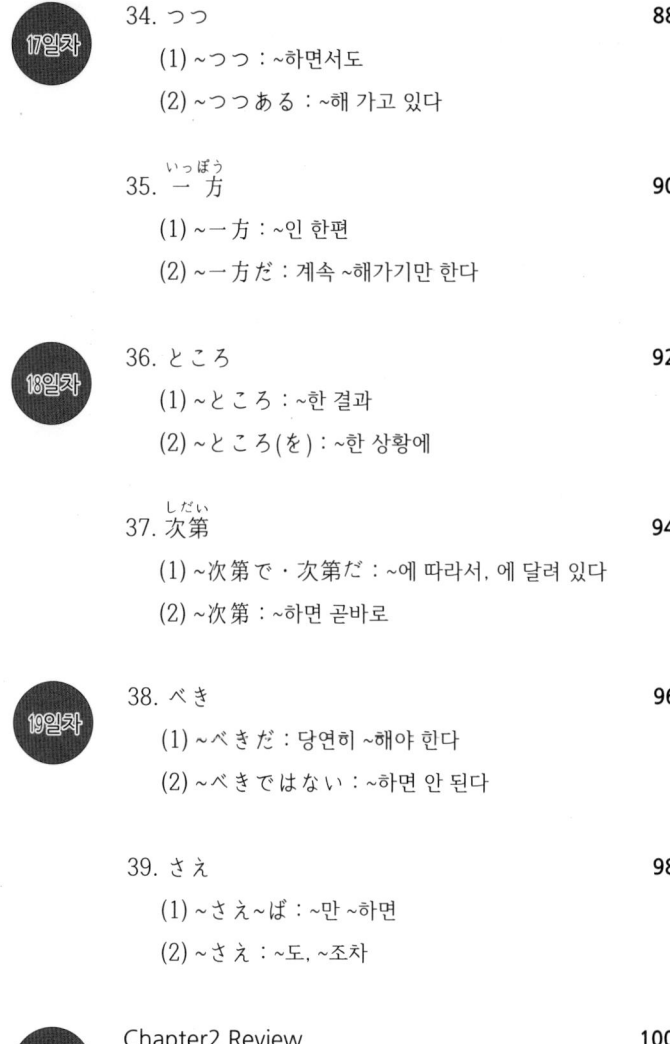

Chapter 3. 다양한 표현들, 어휘력 늘리기

품사별 표기 및 활용

🎩 동사

V(동사)	1그룹 예시	2그룹 예시
V 사전형	乗る	食べる
Vます형	乗ります	食べ
V た형	乗った	食べた
V て형	乗って	食べて
V ない형	乗ら(ない)	食べ(ない)
V ば형	乗れば	食べれば
V 의지형	乗ろう	食べよう
V 보통형	乗る/乗った 乗らない/乗らなかった	食べる / 食べた 食べない / 食べなかった

🪂 형용사

イA(イ형용사)	예시	ナA(イ형용사)
イA 사전형	さびしい	ナA 사전형
イA 어간	さびし	ナA 어간
イAい	さびしい	ナA な
イA く	さびしく	ナA で
イA くて	さびしくて	ナA 과거형
イA 과거형	さびしかった	ナA なら
イAば형	さびしければ	ナA 보통형
イA 보통형	さびしい / さびしくない さびしかった / さびしくなかった	ナA 명사수식형

💡 명사

N(명사)	예시
N	車
Nの	車の
Nである	車である
N 보통형	車だ / 車だった 車ではない / 車ではなかった
N 명사수식형	車の / 車だった 車ではない / 車ではなかった

	3그룹 예시
	する
	し
	した
	して
	し(ない)
	すれば
	しよう
	する / した
	しない / しなかった

	예시
	好きだ
	好き
	好きな
	好きで
	好きだった
	好きなら
	好きだ / 好きだった
	好きではない / 好きではなかった
	好きな / 好きだった
	好きではない / 好きではなかった

Chapter

1

비슷한 표현들
비교하며 이해하기

1. ~げ : ~한 듯한

조금 ~한 느낌이 드는, ~한 분위기가 느껴지는 모습.

イA어간 / ナA어간 + げ (예외 형태 : 自信ありげ)

とうしゅ　じしん　　　　　　ようす　とうばん
投手が自信ありげな様子で登板した。

투수가 자신 있는 듯한 모습으로 등판했다.

＿＿＿＿＿＿＿＿＿＿＿＿＿＿＿＿＿＿＿＿＿＿＿＿

＿＿＿＿＿＿＿＿＿＿＿＿＿＿＿＿＿＿＿＿＿＿＿＿

なに　　　　　　　　　　　はは　さび
何があったのか、母が寂しげな目をしている。

무슨 일이 있었는지, 엄마가 쓸쓸한 눈빛을 하고 있다.

＿＿＿＿＿＿＿＿＿＿＿＿＿＿＿＿＿＿＿＿＿＿＿＿

＿＿＿＿＿＿＿＿＿＿＿＿＿＿＿＿＿＿＿＿＿＿＿＿

きゅう　はし　　　　　　　かれ　　なに　い
急に走ってきた彼は何か言いたげだった。

갑자기 달려온 그는 뭔가 할 말이 있는 듯했다.

＿＿＿＿＿＿＿＿＿＿＿＿＿＿＿＿＿＿＿＿＿＿＿＿

＿＿＿＿＿＿＿＿＿＿＿＿＿＿＿＿＿＿＿＿＿＿＿＿

投手 투수　様子 모습　登板 등판　寂しい 쓸쓸하다　言いたい 말하고 싶은

2. ~気味(ぎみ) : 다소 ~한 느낌이 있다

어떤 경향, 기운, 분위기가 조금 느껴지는 모습, 상태.

> Vます형 / N + 気味

今日は風邪(かぜ)気味なので早く帰るつもりだ。
오늘은 감기 기운이 있어서 일찍 집에 갈 생각이다.

_____

_____

最近(さいきん)、A社(しゃ)の株価(かぶか)は下(さ)がり気味だ。
최근 A회사의 주가는 다소 하락 경향이다.

_____

_____

私は少し痩(や)せ気味の男が好きだ。
나는 조금 마른 느낌의 남자가 좋다.

_____

_____

風邪 감기　最近 최근　株価 주가　痩せる 마르다, 살이 빠지다

19

3. ~っぽい : ~같은, ~이 많은

특정 요소가 많이 포함되어 있거나 어떤 분위기가 강하게 느껴질 때.

> Vます형 / イA어간 / ナA어간 / N + っぽい

🎎 中華料理はおいしいけど、油っぽい。

중화요리는 맛있지만 기름기가 많다.

👦 このカバンはデザインはいいが、素材が安っぽくて嫌だ。

이 가방은 디자인은 괜찮지만 소재가 싸구려 같아서 싫다.

👦 アニメっぽい絵の描き方を教えてください。

애니메이션과 같은 그림을 그리는 법을 가르쳐 주세요.

🐾 中華料理 중화요리   油 지방, 기름   素材 소재   描き方 그리는 법

* ～げ & ～気味 & ～っぽい

～げ와 ～気味는 둘 다 '다소 ~한 분위기/느낌이 있다'라는 뜻이지만 ～げ는 형용사 어간과 함께, 気味는 동사의 ます형, 명사와 함께 사용합니다. 단, 気味는 자기 자신의 상태를 표현할 때, 타인의 모습을 설명할 때 모두 사용할 수 있지만 ～げ는 자신이 아닌 타인의 모습을 설명할 때에만 사용합니다. 특히 気味는 부정적인 내용에 쓰는 경우가 많습니다.

～っぽい는 ~성분이 많다, ~경향이 짙다는 의미로, アニメのような絵라고 하면 그냥 '애니메이션 같은 그림', アニメっぽい絵라고 하면 '애니메이션의 느낌이 강한 그림'을 뜻합니다.

4. ~とたん : ~하자마자

무언가를 하자마자 곧바로 예상하지 못했던 의외의 일이 일어난 상황.

> Vた형 + とたん

ご飯を食べた **とたん** 眠ってしまった。
ねむ

밥을 먹자마자 잠들어 버렸다.

_____

_____

彼女は不合格通知をもらった **とたん** 泣いてしまった。
ふごうかくつうち   な

그녀는 불합격통지를 듣자마자 울어버렸다.

_____

_____

家に着いた **とたん** 、雨がざあざあ降り始めた。
つ   ふ   はじ

집에 도착하자마자 비가 쫙쫙 내리기 시작했다.

_____

_____

眠る 잠들다　不合格 불합격　通知 통지　着く 도착하다　降り始める (비,눈)내리기 시작하다

5. ~か~ないかのうちに ： ~하자마자

~와 동시에. 두 가지 일이 거의 동시에 일어난 경우로, 뒤에 의지나 명령
표현은 사용하지 않음.

> V 사전형 / Vた형 + か + Vない형 + ないかのうちに

ベッドに入るか入らないかのうちに眠ってしまった。
침대에 들어가자 마자 잠들어 버렸다.

話が終わったか終わらないかのうちに電話を切った。
이야기가 끝나자마자 전화를 끊었다.

新商品は棚に並ぶか並ばないかのうちに完売した。
신상품은 선반에 진열되자마자 다 팔렸다.

電話を切る 전화를 끊다 新商品 신상품 棚 선반, 진열대 完売 완판, 다 팔리다

23

6. ~かと思ったら : ~한 듯 하더니 곧바로

어떤 행동, 상황이 끝나는 것과 거의 동시에 또 다른 일이 일어난 경우

Vた형 + かと思ったら

雨が止んだ**かと思ったら**、雪が降り出した。
비가 그쳤나 싶더니 갑자기 눈이 내리기 시작했다.

_____

_____

仕事が終わった**かと思ったら**、また上司に呼ばれた。
일이 끝났나 했더니 또 상사에게 불려갔다.

_____

_____

娘は帰った**かと思ったら**いきなり泣き始めた。
딸아이는 돌아오자마자 갑자기 울기 시작했다.

_____

_____

雨が止む 비가 그치다　降り出す 갑자기 내리기 시작하다　上司 상사

* ～か～ないかのうちに & ～とたん
　　　　　　 & ～かと思ったら

세 표현 모두 '~하자마자'라고 번역되는 경우가 많고 비슷한
의미이지만 엄밀하게 구분하자면 두 가지 행동의 순서가 확실
한지 아닌지의 차이가 있습니다.
話が終わったか終わらないかのうちに電話を切った는 이야
기가 끝난 것과 전화를 끊은 것 중 어느 쪽이 먼저였는지 확실
하지 않을 정도로 거의 동시였다는 뉘앙스이지만 話が終わっ
たとたん이라고 하면 이야기가 끝난 '다음에' 전화를 끊었다
는 것을 명확히 알 수 있습니다. ～かと思ったら와 とたん은
둘 다 어떤 일이 일어난 다음에 또 다른 일이 생긴 상황이지만
とたん이 좀 더 '갑작스러운' 느낌이 강합니다.

7. ~てたまらない
: 너무 ~해서 견딜 수가 없다

견딜 수 없을 정도로 강하게 느껴지는 감각, 감정을 표현 (=しょうがない)

> Vて형 / イAくて / ナA어간で + たまらない

明日が受験なので心配でたまらない。

내일이 입학시험이라 너무 걱정된다.

_____

_____

学校の先輩が好きでたまらない。

학교 선배가 너무 좋아서 못 견디겠다.

_____

_____

新しい靴を履いたら足が痛くてたまらない。

새 신발을 신었더니 발이 아파서 견딜 수가 없다.

_____

_____

受験 입학시험　心配 걱정　先輩 선배　靴 신발　履く (신발을)신다

8. ~ずにはいられない : ~하지 않을 수 없다

아무리 참으려고 해도 결국 하고 싶어지거나 행동을 하게 되는 상황.

> Vない형 + ずに(は)いられない ※する → せずに

今回の試合は注目せずにはいられない。

이번 시합은 주목하지 않을 수가 없다.

_____

_____

あのコンサートでは歓声を上げずにはいられない。

그 콘서트에서는 함성을 지르지 않을 수 없다.

_____

_____

彼はヘビースモーカでタバコを吸わずにはいられない。

그는 굉장한 애연가로, 담배를 피우지 않고는 견디지 못한다.

_____

_____

試合 시합　注目する 주목하다　コンサート 콘서트　歓声 환성

27

9. ~てならない : 너무 ~하다

애쓰지 않아도 자연스럽게 생기는 강한 감정, 기분.

Vて형 / イA くて / ナA で + ならない

ドラマの続(つづ)きが気になっ**てならない**。
드라마의 다음 내용이 너무 궁금하다.

_____

_____

いい俳優(はいゆう)だったのに自殺(じさつ)なんて残念(ざんねん)**でならない**。
좋은 배우였는데 자살이라니, 너무 안타깝다.

_____

_____

母は兵隊(へいたい)に入(はい)っている弟のことが心配**でならない**ようだ。
엄마는 군대에 가 있는 남동생이 너무 걱정되는가 보다.

_____

_____

続き 다음, 다음 내용　俳優 배우　自殺 자살　兵隊 군대

28

* たまらない & ずにはいられない & ならない

세 표현 모두 '너무 ~하다'라는 강한 느낌, 생각을 전달합니다. たまらない, ならない와 같은 의미의 문형으로서 しょうがない도 있습니다.

이 중 たまらない는 신체적인 반응이나 감각(먹고 싶다, 아프다 등)에, ならない는 자연스럽게 생겨난 심리 및 감정(슬프다, 신경이 쓰인다 등)을 표현할 때 주로 사용합니다.

구어체인 しょうがない는 양쪽 모두에 좀 더 폭넓게 쓸 수 있습니다. 또한 しょうがない보다는 たまらない가, たまらない보다는 ならない가 좀 더 강하고 딱딱한 느낌입니다.

반면, ずにはいられない는 '참을 수 없을 만큼 ~하다'라는 뜻이기 때문에 참지 못하고 어떤 '행동'을 하게 되는 상황에 주로 사용하는 문어체 표현입니다.

10. ~最中<ruby>最中<rt>さいちゅう</rt></ruby> : 한창 ~하는 중

무언가를 한창 바쁘게 진행하고 있는 상황을 표현.

> V ている형 / N の + 最中

勉強の最中に友達が<ruby>遊<rt>あそ</rt></ruby>びに来た。

한창 공부를 하고 있을 때 친구가 놀러 왔다.

_____

_____

今は<ruby>食事<rt>しょくじ</rt></ruby>をしている最中だから、後で<ruby>電話<rt>でんわ</rt></ruby>する。

지금은 식사 중이니까 나중에 전화할게.

_____

_____

<ruby>花見<rt>はなみ</rt></ruby>の最中に会社から<ruby>呼<rt>よ</rt></ruby>ばれて<ruby>先<rt>さき</rt></ruby>に帰ることになった。

한창 꽃구경을 하고 있을 때 회사에서 연락이 와서 먼저 돌아가게 되었다.

_____

_____

🌸 遊びに来る 놀러오다　食事 식사　花見 꽃구경, 꽃놀이

11. ~うちに : ~한 동안에

어떠한 상황이 계속 이어지고 있는 기간, 시간.

> V 사전형 / Vている형 / イAい / ナAな / Nの + うちに

若（わか）い うちに 旅行（りょこう）をたくさんしたい。
젊을 때 여행을 많이 하고 싶다.

_____

_____

親（おや）が生（い）きている うちに 親孝行（おやこうこう）したい。
부모님이 살아 계실 때 효도하고 싶다.

_____

_____

何時間も彼の連絡（れんらく）を待っている うちに いらいらしてきた。
몇 시간이나 그의 연락을 기다리고 있는 동안에 짜증이 나기 시작했다.

_____

_____

若い 젊은　旅行 여행　親孝行 효도　いらいらする 짜증나다

12. ~かけの・かける : ~하던 도중의

어떤 동작을 하다가 멈춘 모습, 혹은 계속되던 상황이 중단된 상태.

> Vます형 + かけの・かける

🙎 飲みかけのコーラーが置いてあった。
마시던 콜라가 놓여 있었다.

_____

_____

🙎 友達が言いかけた言葉が気になる。
친구가 하려던 말이 신경 쓰인다.

_____

_____

🙎 家の前に死にかけの猫がいて病院に連れていった。
집 앞에 죽어가는 고양이가 있어서 병원에 데리고 갔다.

_____

_____

🐝 置く 두다　気になる 신경 쓰이다　猫 고양이　連れていく 데리고 가다

* 最中 & うち

最中는 한창 무언가를 '하고 있는 상황'을 뜻하고, うち는 어떤 상태, 조건이 변하지 않고 '유지되고 있는 기간/시간'을 뜻합니다. 예를 들어 음식을 대접하면서 "따뜻할 때 드세요"라는 표현은 暖かいうちに召し上がってください라고 말합니다. 즉, 따뜻한 상태가 변하지 않고 계속 유지되고 있는 동안에 드시라는 뜻입니다. 앞에 나온 예문에서 若いうちに는 나이가 들어서 '젊음'이 사라지기 전, 젊음이 변하지 않고 유지되고 있는 동안을 의미합니다.

13. ~にすれば・したら・して
: ~의 입장에서 보면

'~의 입장이라면', '~의 입장에서 생각한다면'이라는 의미.

> N + にすれば・したら・して

🧑 親の過度な期待は、子供にしたら苦痛だ。

부모의 과도한 기대는 아이 입장에서는 고통이다.

👦 学生にすれば、試験はないほうがいいでしょう。

학생 입장에서 보면 시험은 없는 편이 좋겠지요.

🧑 仕事が増えるのは会社には良いが社員にしたらつらい。

일이 늘어나는 것은 회사에는 좋지만 사원 입장에서는 괴롭다.

過渡 과도　苦痛 고통　試験 시험　増える 늘어나다　社員 사원

14. ~からいえば・いうと・いって
: ~측면에서 말하자면

~의 관점, 측면에서 생각하면(혹은 말하자면).

N + からいえば・いうと・いって

値段からいうと、この服が安くていい。

가격면에서 말하자면 이 옷이 저렴해서 좋다.

_____

_____

彼の性格からいえば、嘘はつかないと思う。

그의 성격을 생각하면 거짓말은 하지 않을 것 같다.

_____

_____

就職の面からいえば文系より理系のほうがいいかもしれない。

취업의 측면에서 본다면 문과보다 이과가 나을 지도 모른다.

_____

_____

値段 가격 性格 성격 嘘 거짓말 就職 취직 文系 문과 계열 理系 이공학 계열

15. ~から見れば・見ると・見て

: ~관점(혹은 입장)에서 보면

'~의 입장에서 보면', 또는 '~측면에서 보면'이라는 의미.

N + から見れば・見ると・見て

上司の私から見れば、彼は能力のある人だ。
상사인 내 관점에서 보면 그는 능력이 있는 사람이다.

あの車は性能だけではなくデザインの面から見ても最高だ。
저 차는 성능뿐만 아니라 디자인적인 면에서 봐도 최고다.

親の立場から見ると、末っ子はいつまでも子供のように見える。
부모 입장에서 보면 막내는 언제까지나 어린아이처럼 보인다.

上司 상사　能力 능력　性能 성능　最高 최고　末っ子 막내

* ～にすれば & から見れば & ～からいえば

～にすれば는 '~의 입장에서'라는 의미이기 때문에 앞에 사람을 뜻하는 명사가 올 수 있지만 からいえば는 '~한 관점, 측면에서'라는 의미로서 앞에 사람을 의미하는 명사가 올 수 없습니다. 예를 들어, 社員にすれば라는 표현은 가능하지만 社員からいえば라는 표현은 쓸 수 없습니다. 社員の立場からいえば라고 써야 합니다. ～から見れば는 '~입장'과 '~측면'이라는 두 가지 의미가 있어 사람을 표현하는 명사도 그 이외의 명사도 모두 올 수 있습니다.

6일차

16. ～に伴（ともな）い : ~와 함께

무언가의 변화와 동시에 또 다른 무언가도 변화하는 것.

> V 사전형 / N + に伴い

🎎 人口（じんこう）の増加（ぞうか）に伴い、公害（こうがい）の問題（もんだい）も増（ふ）える。
인구 증가와 함께 공해 문제도 증가한다.

_____

_____

👧 景気（けいき）が悪化（あっか）するに伴い、失業率（しつぎょうりつ）も高くなってきた。
경기악화와 함께 실업률도 높아졌다.

_____

_____

👦 転勤（てんきん）に伴い、初（はじ）めて故郷（ふるさと）から遠（とお）い所（ところ）に引越（ひっこ）した。
전근하면서 처음 고향에서 먼 곳으로 이사했다.

_____

_____

🐾 増加 증가　公害 공해　悪化 악화　失業率 실업률　転勤 전근　故郷 고향　引越す 이사하다

17. ～につれて : ~에 따라

무언가의 변화에 따라 다른 것도 변화되는 상황.

> **V 사전형 / N + につれて**

🎎 年を取る<u>につれて</u>、体の消費カロリーは低くなる。
나이를 먹음에 따라 신체의 소비칼로리는 낮아진다.

_____

_____

👦 山は高いところに登る<u>につれて</u>気圧が低くなる。
산은 높이 올라갈수록 기압이 낮아진다.

_____

_____

👨 国の発展<u>につれ</u>、都市の人口が増えてきた。
나라가 발전하면서(발전함에 따라) 도시의 인구가 증가했다.

_____

_____

👣 年を取る 나이를 먹다　消費 소비　登る 올라가다　気圧 기압　発展 발전

39

18. ~に沿って・沿った : ~에 따라

길게 이어진 무언가의 곁을 따라서, 혹은 어떤 규칙, 기준을 근거로 하여

N + に沿って・沿った

☃ 天気がよくて川に沿って1時間も散歩した。
날씨가 좋아서 강을 따라 한 시간이나 산책했다.

☃ なぜ台風はいつも日本列島に沿って進むのですか。
왜 태풍은 언제나 일본열도를 따라서 진행하는 것입니까?

☃ 新しい条例に沿って路上喫煙は禁止します。
새로운 조례에 따라 거리에서의 흡연은 금지합니다.

☺ 散歩 산책 台風 태풍 列島 열도 法律 법률 路上喫煙 길거리에서의 흡연 禁止 금지

* ともない & つれて & 沿って

AにともないB 와 AにつれてB는 모두 'A에 따라 B도 변화하는 것'을 의미합니다. A, B가 동시에 변화하는 것으로서 일회성 변화가 아닌 지속적인 변화의 경우에만 사용됩니다.

Aに沿ってB 역시 'A에 따라'라고 번역되지만, A 부분에 강이나 길 등 길게 이어진 것이 오면 그것의 '방향·흐름을 따라서'라는 의미인 반면, 규칙·방침 등이 나오면 그것을 '기준·근거로 하여'라는 의미가 됩니다.

19. ~おかげで : ~덕분에

~의 덕택에, ~의 도움으로. 무언가를 하는 데 도움이 된 요인.

V 보통형 / イA 보통형 / ナA 명사수식형 / N 명사수식형 + おかげで

先生の おかげで 、元気になりました。

선생님 덕분에 건강해졌습니다.

_____

_____

先輩が手伝ってくれた おかげで 、宿題が早く終わった。

선배가 도와 준 덕택에 숙제가 빨리 끝났다.

_____

_____

インターネットの おかげで 海外との連絡が楽になった。

인터넷 덕분에 외국과의 연락이 편해졌다.

_____

_____

元気になる 건강해지다　先輩 선배　手伝う 돕다　宿題 숙제　連絡 연락

20. ～せいで : ~탓에

안 좋은 결과를 초래한 원인을 표현하며 원망, 후회 등의 감정을 포함.

> V 보통형 / イA 보통형 / ナA 명사수식형 / N 명사수식형 + せいで

🌸 電車が遅れたせいで、遅刻してしまった。

전철이 지연된 탓에 지각을 하고 말았다.

_____

_____

🌸 最近お酒や夜食のせいで太っている。

요즘 술과 야식 때문에 살이 찌고 있다.

_____

_____

🌸 コーヒーを3杯も飲んだせいで遅くまで眠れなかった。

커피를 세 잔이나 마신 탓에 늦게까지 잠들지 못했다.

_____

_____

🌸 遅れる 늦어지다, 지연되다　遅刻 지각　夜食 야식　眠る 잠들다

21. ～ばかりに : (오직) ~때문에

가장 큰 원인, 이유를 강조하는 것으로 주로 부정적인 내용에 사용.

> V 보통형 / イA 보통형 / ナA 명사수식형 / N 명사수식형 + ばかりに

🙎 受験票を忘れてきたばかりに、受験できなかった。

수험표를 놓고 온 탓에 시험을 보지 못했다.

_____

_____

🙎 彼は能力はあるが、勤務態度が悪いばかりに昇進できない。

그는 실력은 있지만 근무태도가 나쁜 탓에 승진을 못 한다.

_____

_____

🙎 何日も徹夜したばかりに倒れてしまった。

며칠이나 철야를 해서 쓰러지고 말았다.

_____

_____

👣 受験票 수험표　能力 능력　勤務 근무　態度 태도　昇進 승진　徹夜 철야

* おかげで & せいで & ばかりに

세 단어 모두 '이유'를 뜻하는 표현이지만 おかげで는 긍정적인 결과에 도움이 된 원인으로서 '~덕분에, ~에 힘입어' 등으로 번역할 수 있고, せいで는 부정적인 결과가 나타나게 만든 원인을 말할 때 사용합니다. ばかりに는 '그것이 가장 큰 이유', 혹은 '오직 그 이유만으로'라는 의미로서 せいで와 마찬가지로 아쉬운 일, 유감스러운 결과에 사용합니다.

22. ~(も)かまわず : 개의치 않고

어떤 상황, 성향, 사물 등에 대해 관계가 없다는 듯,
신경 쓰지 않고 행동하는 것.

> V 보통형+の / N + (も)かまわず

🎎 電車の中で人目もかまわず、大声でしゃべっている。
でんしゃ　　　　ひとめ　　　　　　　　　おおごえ

전철 안에서 사람들 시선도 개의치 않고 큰 소리로 떠들고 있다.

_____

_____

🎎 名曲をジャンルかまわず教えて下さい。
めいきょく

명곡을 장르와 상관없이 알려 주세요.

_____

_____

🎎 彼は酔っ払うと、ところかまわず寝てしまう。
よ　ばら

그는 술이 취하면 장소와 상관없이 잠을 잔다.

_____

_____

😊 大声 큰 목소리　しゃべる 떠들다　名曲 명곡　酔っ払う 술이 취하다

46

23. ~(を)問わず : 상관없이

어떤 조건이나 상황을 고려하거나 따지지 않는다는 의미.

> N + (を)問わず

🎎 理由を問わず、暴力を振るう人は許せない。

이유가 무엇이든 폭력을 휘두르는 사람은 용서할 수 없다.

_____

_____

👦 男女問わず、一番好きな歌手を教えてください。

남녀 구분 없이 가장 좋아하는 가수를 알려 주십시오.

_____

_____

🧑 あのゲームは国内外を問わず人気がある。

저 게임은 국내외 어디서나 인기가 있다.

_____

_____

🐾 理由 이유　暴力を振るう 폭력을 휘두르다　一番 가장　歌手 가수

24. ～にかかわらず : 관계없이

어떤 조건, 상황 등과 상관없이 어떤 경우에도.

> V 사전형 / Vない형 / N + にかかわらず

🎎 季節にかかわらず、顔から汗が出て困る。
계절과 관계없이 얼굴에 땀이 나서 곤혹스럽다.

_____

_____

👦 年齢にかかわらず能力がある人なら採用する。
나이와 관계없이 능력이 있는 사람이라면 채용한다.

_____

_____

🎎 障害の有無にかかわらず平等に生活できる社会。
장애가 있든 없든 평등하게 생활할 수 있는 사회.

_____

_____

🐾 季節 계절 汗が出る 땀이나다 困る 곤혹스럽다 年齢 나이 採用 채용 障害 장애 平等に 평등하게

48

* かまわず & 問わず & かかわらず

問わず와 かかわらず는 모두 '~에 관계없이'라는 의미이지만 問わず 앞에는 주로 선택의 폭이 넓고, 많은 수가 존재하는 나이, 국가 등을 씁니다. かかわらず는 여러 가지 상황, 조건이 있지만 그에 관계없이, '어떤 경우에도'라는 뜻입니다. かまわず는 무언가를 신경쓴다는 의미를 가진 동사 構う의 부정형으로서 '어떤 상황, 일에 마음을 쓰지 않는다'는 뜻입니다.

25. ~がたい : ~하기 어려운

어떤 생각이나 행동을 하기 어렵거나 곤란한 상황, 상태.

> Vます형 + がたい

🎎 信じ<mark>がたい</mark>ことだが、あの二人が結婚するらしい。
しん　　　　　　　　　　　　　　　けっこん

믿기 어려운 일이지만 저 두 사람이 결혼한다는 것 같아.

_____

_____

🎎 周りからいつも「近寄り<mark>がたい</mark>印象だ」と言われる。
まわ　　　　　　　ちかよ　　　　　　いんしょう

주변 사람들에게 항상 '다가가기 어려운 인상이다'라는 말을 듣는다.

_____

_____

🎎 その人はセンスがいいとは言い<mark>がたい</mark>。
　　　　　　　　　　　　　　　　い

그 사람은 센스가 좋다고 말하기는 어렵다.

_____

_____

🐾 結婚 결혼　周り 주변, 주위 사람　近寄る 다가가다　印象 인상, 이미지

26. ~得ない : ~할 수 없는

어떤 일이 일어날 가능성이 거의 없거나 일어나기 매우 어려운.

> Vます형 + 得ない

🧑「男女の友情はあり得ない」と言う人もいる。
"남녀 사이의 우정은 있을 수 없다"라고 말하는 사람도 있다.

_____

_____

🧑 これは関係者ではないと知り得ない情報だ。
이것은 관계자가 아니면 알 수 없는 정보다.

_____

_____

🧑 日本と韓国が仲良くなるのはあり得ないことか?
일본과 한국의 사이가 좋아지는 것은 불가능한 일일까?

_____

_____

🐾 友情 우정   関係者 관계자   情報 정보   仲良くなる 사이가 좋아지다

27. ~っこない : 절대로 ~할 리가 없다

~할 가능성을 강하게 부정하는 것으로서 친한 사이에 쓰는 구어체 표현.

> Vます형 + っこない

🎎 100億の宝くじなんて当たりっこない。

100억짜리 복권 같은 게 당첨될 리가 없다.

_____

_____

👦 お金も仕事もない今、恋愛なんてできっこない。

돈도 일도 없는 지금, 연애 같은 걸 할 수 있을 리가 없다.

_____

_____

👦 こんなに多くの単語を覚えるって、できっこない。

이렇게 많은 단어를 외우는 건 절대 불가능하다.

_____

_____

🐼 宝くじ 복권　当たる 당첨되다　恋愛 연애　単語 단어

* あり得ない & がたい & っこない

'~할 가능성이 없다'라는 의미로 사용되는 표현들로, ~がたい
에 비해 得ない가 좀 더 강하게 부정하는 느낌입니다. 得ない
는 '~할 가능성이 있다'라는 뜻의 得る(うる)를 활용한 표현이
지만 うない가 아니라 えない라고 읽는 것에 주의하시기 바랍
니다. っこない도 得ない, 혹은 ~わけがない(p.65 참고)와 거의
같은 의미이지만 주로 친한 사이에 쓰는 구어체 표현입니다.

Chapter1 **Review**

1. **~げ** : ~한 듯한

投手が自信あり<u>げ</u>な様子で登板した。

とうしゅ　じしん　　ようす　とうばん

---

2. **~気味** : 다소 ~느낌이 있다

今日は風邪<u>気味</u>なので早く帰るつもりだ。

か ぜ

---

3. **~っぽい** : ~같은, ~이 많은

中華料理はおいしいけど、油<u>っぽい</u>。

ちゅうかりょうり　　　　　　　　あぶら

---

4. **~とたん** : ~하자마자

ご飯を食べた<u>とたん</u>眠ってしまった。

ねむ

---

5. ～か～ないかのうちに : ~하자마자

ベッドに入るか入らないかのうちに眠ってしまった。

---

6. ～かと思ったら : ~한 듯하더니 곧바로 ~하다

雨が止んだかと思ったら、雪が降り出した。

---

7. ～てたまらない : 너무 ~해서 견딜 수가 없다

明日が受験なので心配でたまらない。

---

8. ～ずにはいられない : ~하지 않을 수 없다

今回の試合は注目せずにはいられない。

---

9. ～てならない : 너무 ~하다

ドラマの続きが気になってならない。

---

10. **~最中** : 한창 ~하는 중

勉強の<mark>最中</mark>に友達が遊^{あそ}びに来た。

---

11. **~うちに** : ~한 동안에

若^{わか}い<mark>うちに</mark>旅行^{りょこう}をたくさんしたい。

---

12. **~かけの・~かける** : ~하던 도중의

飲み<mark>かけの</mark>コーラーが置^おいてあった。

---

13. **~にすれば・したら・して** : ~의 입장에서 보면

親^{おや}の過度^{かど}な期待^{きたい}は、子供<mark>にしたら</mark>苦痛^{くつう}だ。

---

14. **~からいえば・いうと・いって** : ~측면에서 말하자면

値段^{ねだん}<mark>からいうと</mark>、この服^{ふく}が安くていい。

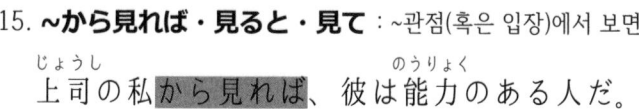

15. ～から見れば・見ると・見て ：～관점(혹은 입장)에서 보면

上司の私<u>から見れば</u>、彼は能力のある人だ。

16. ～に伴い ：～와 함께

人口の増加<u>に伴い</u>、公害の問題も増える。

17. ～につれて ：～에 따라

年を取る<u>につれて</u>、体の消費カロリーは低くなる。

18. ～に沿って・沿った ：～에 따라

天気がよくて川<u>に沿って</u> 1 時間も散歩した。

19. ～おかげで ：～덕분에

先生の<u>おかげで</u>、元気になりました。

20. **～せいで**：~탓에

電車が遅れた<u>せいで</u>、遅刻してしまった。

21. **～ばかりに**：(오직) ~때문에

受験票を忘れてきた<u>ばかりに</u>、受験できなかった。

22. **～かまわず**：개의치 않고

電車の中で人目<u>もかまわず</u>、大声でしゃべっている。

23. **～を問わず**：상관없이

理由<u>を問わず</u>、暴力を振るう人は許せない。

24. **～にかかわらず**：관계없이

季節<u>にかかわらず</u>、顔から汗が出て困る。

25. ～がたい : ~하기 어렵다

信じ_{しん}がたいことだが、あの二人が結婚_{けっこん}するらしい。

---

26. ～得ない : ~할 수 없는

「男女_{だんじょ}の友情_{ゆうじょう}はあり得ない」と言う人もいる。

---

27. ～っこない : 절대로 ~할 리가 없다

100億_{おく}の宝_{たから}くじなんて当_あたりっこない。

악센트를 틀리면
"하늘에서 사탕이 내리는" 일본어

일본어는 음의 높낮이에 따라 의미가 달라지는, 즉 악센트가 있는 언어입니다.

대표적인 예로, 하늘에서 내리는 '비(雨)'와 달달한 '사탕(飴)'은 둘 다 일본어로 '아메(あめ)'라고 하는데, 하늘에서 내리는 비는 '아메'에서 '아'를 높게, 먹는 사탕은 뒤의 '메'를 높게 말해야 합니다. 악센트를 틀리면 "하늘에서 비가 내린다"가 "하늘에서 사탕이 내린다"라는 말이 되고 맙니다.

사실 성인이 되어서 외국어를 배운 경우에는 원어민과 똑같이 되기는 힘들지만 악센트에 따라 의미가 달라지는 단어들만은 외워두어야 소통에 문제가 없을 것입니다.

낮은 음과 높은 음의 차이는 피아노의 '도'와 '미' 정도?

그렇다면 낮은 음과 높은 음은, 얼마나 낮추고 얼마나 높여야 할까요?

어떤 일본인 선생님은 대략 피아노의 '도'와 '미' 정도라고 설명합니다. 딱 맞는 말은 아니지만 피아노 음으로 표현하자면 도와 미의 음높이 차이와 가장 가까운 듯합니다. 하지만 뒤에 오는 조사, 단어나 문장 흐름에 따라 악센트의 높낮이도 조금씩 달라지기 때문에 계속 들으면서 연습할 수밖에 없습니다.

일본어 악센트에서의 기본 원칙

1. 첫음절과 두 번째 음절은 항상 높낮이가 다르다

예를 들어 '이야기'라는 뜻의 '하나시(話)'는 첫 음절 '하'가 낮고 두 번째 음절 '나'는 높습니다. 쓸쓸하다는 뜻의 '사비시이(寂しい)' 도 첫음절 '사'는 낮고 두 번째의 '비'는 높습니다.

앞에 말한 '비'라는 뜻의 '아메(雨)'도 '아'는 높고 '메'는 낮습니다. 이렇게 첫음절과 두 번째 음절은 낮았다가 높아지거나 높았다가 낮아지는 등 높이가 다릅니다.

2. 한 번 떨어진 음은 다시 올라오지 않는다

첫음절이 높고 두 번째 음절이 낮은 경우, 한 번 낮아진 것이 다시 높아지지 않습니다.

하지만, 첫음절이 낮았다가 두 번째 음절이 높아진 경우에는 뒤에 가서 다시 떨어지기도 합니다. 예를 들어 '사비시이(さびしい)'는, '사'는 낮고, '비시'는 높고, '이'는 다시 낮아집니다.

```
        나 시       비 시
    하              사        이
(표기) は│な し    さ│び し│ぃ
```

Chapter

2

여러 가지
의미가 있는 단어들

28. わけ

(1) ～わけだ : ① 그러니까 (당연히) ~한 것이다
② 결과적으로 ~하게 되다

'~은 당연한 결과다', 또는 '~을 하면 ~한 결과가 나온다'라는 의미.

> V 보통형 / イA 보통형 / ナA 명사수식형 / N 명사수식형 + わけだ

お母さんが日本人だから、日本語は上手な **わけだ**。

어머니가 일본인이니 일본어는 잘하는 것이 당연하다.

___

___

いつも我がままを言うから皆に嫌われる **わけだ**。

항상 제멋대로 구니까 모두에게 미움을 받는 것이다.

___

___

1日に4ページずつ勉強すれば1ヶ月で終わる **わけだ**。

하루에 4페이지씩 공부하면 한 달에 끝나게 된다.

___

___

我がままを言う 제멋대로 굴다　嫌われる 미움받다　終わる 끝나다

(2) ~わけがない : ~할 리가 없다

어떤 일이 일어날 가능성이 거의 없다, 그럴 이유가 없다는 자신의 추측.

> V 보통형 / イA 보통형 / ナA 명사수식형 / N 명사수식형 + わけがない

🎎 真面目な彼が授業をサボる**わけがない**。

성실한 그가 수업을 빼먹을 리가 없다.

_____

_____

👦 あんなに格好いい彼に彼女がいない**わけがない**。

저렇게 멋있는 그에게 여자친구가 없을 리가 없다.

_____

_____

👦 三回も受験に失敗して平気な**わけがない**。

세 번이나 입시에 실패하고 괜찮을 리가 없다.

_____

_____

🐾 サボる (수업 등을) 빼먹다　格好いい 멋있다　失敗 실패　受験 입시　平気だ 괜찮다

(3) ～わけにはいかない : (하고 싶지만) ~할 수 없다

사실은 ~하고 싶지만 어떤 이유, 상황이 있어 그럴 수 없는 아쉬움.

V 사전형 / Vない형 + わけにはいかない

風邪だけど、会社に行かない**わけにはいかない**。

감기에 걸렸지만 회사를 안 갈 수는 없다.

宿題があるので早く寝る**わけにはいかない**。

숙제가 있어서 일찍 잘 수 없다.

大変だけど、もう大人なので親に頼る**わけにはいかない**。

힘들지만 이제 성인이니 부모님에게 의지할 수는 없다.

風邪 감기　休む 쉬다　宿題 숙제　頼る 의지하다, 기대다

66

(4) ~わけではない : 꼭 ~인 것은 아니다

'딱히 ~인 것은 아니다'라는 의미로 전체가 아닌 일부 감정, 상황을 부정.

V 보통형 / イA 보통형 / ナA 명사수식형 / N 명사수식형 + わけではない

テレビをつけておいたが、見ているわけではない。

TV를 켜두기는 했지만, 딱히 보고 있는 것은 아니다.

_____

_____

あなたの気持ちが分からないわけではない。

너의 기분을 이해하지 못하는 것은 아니다.

_____

_____

特においしいわけではないけど、別にまずくもない。

특별히 맛있는 건 아니지만 딱히 맛없지도 않아.

_____

_____

29. こと

(1) ~ことから : ~라는 것을 이유로

~이 원인이 되어, ~을 이유로. 어떤 결과에 대한 원인, 유래 등.

> V보통형 / イA보통형 / ナA명사수식형 / N명사수식형 + ことから

袋の形の池があった<mark>ことから</mark>池袋という名前がついた。

주머니 모양의 연못이 있었다는 이유로 이케부쿠로라는 이름이 붙었다.

_____

_____

家に電気がついている<mark>ことから</mark>誰かいるのが分かった。

집에 전기가 켜져 있는 것을 보고 누군가 있다는 것을 알았다.

_____

_____

よくサルの真似をする<mark>ことから</mark>友達にモンキーと呼ばれた。

원숭이 흉내를 잘 내서 친구에게 몽키라고 불렸다.

_____

_____

🐾 袋 주머니 池袋 이케부쿠로(도쿄의 지명) 名前がつく 이름이 붙다 電気がつく 전기가 켜지다 真似をする 흉내내다

(2) ～ことだから : ~이니까 아마도

사람의 성격, 성향 등을 충분히 알고 있어 그것을 바탕으로 결과를 추측.

Nの + ことだから

あなたの<mark>ことだから</mark>、心配は要らないと思う。
너니까, 걱정할 필요는 없다고 생각해.

_____

_____

彼女の<mark>ことだから</mark>、遅刻はしないだろう。
그녀의 성격상, 지각은 하지 않을 것이다.

_____

_____

あの先生の<mark>ことだから</mark>今日も宿題がたくさん出るでしょう。
저 선생님이니까 오늘도 숙제를 많이 내겠지.

_____

_____

心配 걱정　要らない 필요없다　遅刻 지각

(3) ~ことなく : ~하는 일 없이

'동사 ます형 + ないで'의 딱딱하고 정중한 표현으로서 '~하지 않고'라는 의미.

> V 사전형 + ことなく

まだ梅雨でもないのに雨が止むことなく降り続いている。

아직 장마도 아닌데 비가 쉬지 않고 계속 내린다.

_____

_____

好きなものは飽きることなく何ヶ月も食べ続けられる。

좋아하는 것은 질리지 않고 몇 개월씩 계속 먹을 수 있다.

_____

_____

どんなに難しい問題も諦めることなく最善を尽くす。

아무리 어려운 문제도 포기하는 일 없이 최선을 다한다.

_____

_____

梅雨 장마　飽きる 질리다　諦める 포기하다　最善を尽くす 최선을 다하다

(4) ~ないことには~ない : ~하지 않고서는 ~할 수 없다

A를 하지 않으면(A의 상태가 아니면) B가 불가능하다. 필수 조건을 설명.

> Vない형 / いAく / なAで / Nで / Nが + ないことには

🎎 やってみないことには、できるかどうか分からない。
해보지 않고서는 할 수 있을지 없을지 알 수 없다.

_____

_____

👦 元気でないことには勉強も仕事もできない。
건강하지 않으면 공부도 일도 할 수 없다.

_____

_____

👨 証拠がないことには犯罪は成立しない。
증거가 없으면 범죄는 성립하지 않는다.

_____

_____

👣 やってみる 해보다　元気だ 건강하다　証拠 증거　犯罪 범죄　成立 성립

30. もの

(1) ~ものだ(1) : 본래 ~한 것이다

일반적인 성질, 보편적인 상식 등을 강조하는 표현.

> V 보통형 / イA 보통형 / ナA 명사수식형 / N 명사수식형 + ものだ

人の性格はなかなか変わらない<mark>ものだ</mark>。

사람의 성격은 본래 좀처럼 바뀌지 않는 것이다.

_____

_____

うそはいつかはバレる<mark>ものだ</mark>。

거짓말은 언젠가 들키기 마련이다.

_____

_____

人生はつらい<mark>ものだ</mark>。

인생은 본래 괴로운 것이다.

_____

_____

🐾 性格 성격　変わる 바뀌다　バレる 들키다　つらい 괴롭다

72

(2) ～ものだ(2) : (과거에) 자주 ~했었지

과거에 자주 했던 행동, 추억 등을 회상할 때 사용.

> V た형 / イA과거형 / ナA과거형 + ものだ

🙂 子供のころは、この辺でよく遊んだ<mark>ものだ</mark>。
　　어릴 때는 이 주변에서 자주 놀았지.

_____

_____

🙂 昔はよく一人旅をした<mark>ものだ</mark>。
　　옛날에는 자주 혼자서 여행을 했었지.

_____

_____

🙂 学生のころは友達と何時間もおしゃべりをした<mark>ものだ</mark>。
　　학생 때에는 친구와 몇 시간씩 수다를 떨곤 했다.

_____

_____

🐾 この辺 이 주변　遊そぶ 놀다　一人旅 혼자 하는 여행　おしゃべりをする 수다를 떨다

(3) ～ものなら : ~라면

'아마 불가능하겠지만 ~하다면'. 뒤에는 주로 희망, 권유 등의 내용이 온다.

> V 사전형 / V 가능형 + ものなら

🧑 できる**ものなら**、やってみて。

(아마 못하겠지만) 할 수 있으면 해 보렴.

_____

_____

🧒 戻（もど）れる**ものなら**、学生のころに戻（もど）りたい。

되돌아갈 수 있다면 학생 때로 돌아가고 싶다.

_____

_____

🧑 毎日残業（ざんぎょう）。辞（や）められる**ものなら**辞（や）めたい。

매일 잔업. 그만둘 수 있다면 그만두고 싶다.

_____

_____

🐝 できる 가능하다　やる 하다　戻る 되돌아가다　残業 잔업, 추가근무

(4) ~ものがある : ~한 부분이 있다

정확하게 표현할 수는 없지만 ~을 느끼게 하는 무언가가 있다는 의미.

> V 사전형 / イAい / ナAな + ものがある

彼の声には人を引き付ける<ruby>引<rt>ひ</rt></ruby>き<ruby>付<rt>つ</rt></ruby>けるものがある。

그의 목소리는 사람을 끌어당기는 무언가가 있다.

_____

_____

あの<ruby>曲<rt>きょく</rt></ruby>には人を<ruby>感動<rt>かんどう</rt></ruby>させるものがある。

저 곡은 사람을 감동시키는 부분이 있다.

_____

_____

あのお<ruby>坊<rt>ぼう</rt></ruby>さんの話には心を<ruby>温<rt>あたた</rt></ruby>めてくれるものがある。

저 스님의 이야기에는 마음을 따뜻하게 해주는 무언가가 있다.

_____

_____

引き付ける 끌어당기다 感動 감동 お坊さん 스님 温める 따뜻하게 하다

75

31. ばかり

(1) ~ばかり : ~만, ~만 많이

다른 것도 있을 수 있지만 전체에서 그것이 차지하는 비율
이 매우 높음.

N + ばかり

このクラスは男ばかりだ。

이 학급에는 남자들만 가득하다.

彼はいつも文句ばかり言っている。

もんく

그는 항상 불평만 하고 있다.

最近ダイエットのために野菜ばかり食べている。

やさい

최근 다이어트를 위해서 야채만 잔뜩 먹고 있다.

クラス 학급　文句 불평　ダイエット 다이어트　野菜 야채

(2) ~ばかりだ : 계속 ~하기만 하다

부정적인 상황이 심화되거나, 안 좋은 일이 계속 늘어나는 것.

V 사전형 + ばかりだ

最近日本の物価は上がるばかりだ。

최근 일본의 물가는 계속 오르기만 한다.

今年になってからは成績が下がるばかりだ。

올해 들어서는 성적이 계속 떨어지기만 한다.

入院したお祖父さんの病気は悪化していくばかりだ。

입원한 할아버지의 병환은 계속 악화되고 있다.

物価 물가　上がる 오르다　成績 성적　下がる 떨어지다　悪化 악화

(3) ～ばかりでなく : ～뿐 아니라

어떤 것 하나만이 아니라 다른 것들도 마찬가지라는 의미.

V 보통형 / イA 보통형 / ナA 명사수식형 / N 명사수식형 ＋ ばかりでなく

工場のせいで空気ばかりでなく水も汚染されている。
공장 때문에 공기뿐 아니라 물도 오염되고 있다.

_____

_____

同僚と浮気をした彼は家庭ばかりでなく仕事まで失った。
동료와 바람을 핀 그는 가정뿐 아니라 일자리까지 잃었다.

_____

_____

人ばかりでなく、犬や猫にも花粉症があるらしい。
사람뿐만 아니라 개, 고양이에게도 꽃가루 알레르기가 있다고 한다.

_____

_____

工場 공장　汚染 오염　同僚 동료　浮気 바람, 불륜　花粉症 꽃가루 알레르기

(4) ～ばかりはいられない : ~하고 있을 수만은 없다

하고 싶은 것이 있지만 피치 못할 사정 때문에 할 수 없는 상황.

> Vて형 + ばかりはいられない

🎎 来週が試験なので遊んで**ばかりはいられない**。
らいしゅう　しけん　　　　　　あそ
다음 주가 시험이라 놀고 있을 수만은 없다.

_____

_____

🧑 もうすぐ卒業だからのんびりして**ばかりはいられない**。
そつぎょう
곧 졸업이라 여유부리고 있을 수만은 없다.

_____

_____

🧑 次の試合があるので、勝利を喜んで**ばかりはいられない**。
つぎ　しあい　　　　　　　　しょうりよろこ
다음 시합이 있어서 승리를 기뻐하고 있을 수만은 없다.

_____

_____

😀 卒業 졸업　のんびりする 여유를 부리다　勝利 승리　喜ぶ 기뻐하다

79

32. だけ

(1) ～だけに : ～인 만큼

'～이기 때문에 한층 더'라는 의미로 뒤에는 주로 부정적 내용.

> V 보통형 / イA 보통형 / ナA 명사수식형 / N 명사수식형 + だけに

🎎 期待が高かっただけに、失望も大きかった。

기대가 컸던 만큼 실망도 컸다.

_____

_____

🎎 一生懸命勉強しただけに、不合格はショックだった。

열심히 공부했던 만큼 불합격은 충격이었다.

_____

_____

🎎 有名な私立高校のだけに志願者が多かった。

유명한 사립고등학교인 만큼 지원자가 많았다.

_____

_____

🍡 期待 기대　失望 실망　一生懸命 열심히　ショック 충격　志願者 지원자

(2) ~だけの : ~할 만한

'~하기에 충분한, ~할 만한 가치가 있는'이라는 의미로 뒤에는 명사가 온다.

> V 사전형 / Vた형 + だけの

この本は読んでみる<mark>だけの</mark>価値がある。

이 책은 읽어볼 만한 가치가 있다.

_____

_____

あの車を買う<mark>だけの</mark>お金は持っている。

저 자동차를 살 정도의 돈은 갖고 있다.

_____

_____

頑張っているが、まだプロになる<mark>だけの</mark>実力はない。

열심히 하고 있지만 아직 프로가 될 정도의 실력은 없다.

_____

_____

価値 가치　プロ 프로　実力 실력

(3) ～だけあって : ～인 만큼

～에 걸맞게.'～하기에 충분한 수준을 갖추고 있다'는 의미로 주로 칭찬, 감탄.

V보통형/イA 보통형/ナA명사수식형/N명사수식형/N + だけあって

🎎 有名なだけあって、この店のデザートはおいしい。
유명한 만큼 이 가게의 디저트는 맛있다.

_____

_____

👦 高かっただけあって、今回買ったピアノは音がいい。
비싼 가격에 걸맞게, 이번에 산 피아노는 소리가 좋다.

_____

_____

👦 決勝だけあって、両チームとも強かった。
결승인 만큼 두 팀 모두 강했다.

_____

_____

🐾 有名 유명   デザート 디저트   決勝 결승전

(4) ~だけましだ : ~만도 다행이다

'크게 마음에 들지는 않지만 이것만으로도 다행이다'라는 의미.

> V 보통형 / イA 보통형 / ナAな / Nである + だけましだ

このような不況の時には仕事があるだけましだ。
이렇게 불황일 때에는 일이 있는 것만 해도 다행이다.

_____

_____

引っ越した家は狭いが、会社から近いだけましだ。
이사한 집은 좁지만, 회사에서 가까워서 그나마 다행이다.

_____

_____

社長に嘘がばれた彼は首にならなかっただけましだ。
사장님에게 거짓말을 들킨 그는 해고되지 않는 것만 해도 다행이다.

_____

_____

不況 불황　引っ越す 이사하다　嘘 거짓말　ばれる 들키다　首になる 해고되다

33. 上

(1) ~上に : ~에 더하여

'~뿐만 아니라 ~까지'라는 의미로 비슷한 상황, 조건이 겹치는 경우.

> V 보통형 / イA 보통형 / ナAな / Nの + 上に

昨日は寒かった<u>上に</u>、雨まで降って大変だった。

어제는 추운데다가 비까지 내려서 힘들었다.

_____

_____

彼はハンサムな<u>上に</u>性格もよくて女性に人気がある。

그는 잘생기고 성격까지 좋아서 여자들한테 인기가 있다.

_____

_____

彼の話は長かった<u>上に</u>内容も曖昧でつまらなかった。

그의 이야기는 길었을 뿐 아니라 내용도 애매모호해서 재미없었다.

_____

_____

降る (비가)내리다   性格 성격   曖昧だ 애매하다   つまらない 재미없다

(2) ~上で : ~한 다음에

우선 ~한 이후에. 그 결과에 따라 다음 행동을 결정.

> Vた형 / Nの + 上で

よく考えた上でどうするか決めます。
잘 생각한 다음에 어떻게 할지 결정하겠습니다.

_____

_____

ちゃんと検査した上で治療方法を相談しましょう。
제대로 검사를 한 다음에 치료방법을 상담합시다.

_____

_____

内容を要約した上で自分の意見を書いてください。
내용을 요약한 다음에 자신의 의견을 적어 주세요.

_____

_____

検査 검사   治療 치료   相談 상담   要約 요약   意見 의견

(3) ~上は : ~한 이상

~한 바에는, ~하기로 결정한 이상, ~한 상황이 되었다면.

> V 사전형 / Vた형 + 上は

🎎 約束した 上は、何があっても 守ります。

약속한 이상, 무슨 일이 있어도 지킵니다.

_____

_____

🎎 彼が「やる」と言った 上は必ずやるだろう。

그가 "한다"라고 말한 이상, 분명히 할 것이다.

_____

_____

🎎 ペットを飼い始める 上は最後まで責任を取るべきだ。

애완동물을 키우기 시작하면 마지막까지 책임져야 한다.

_____

_____

👶: 約束 약속   守る 지키다   飼う (동물)키우다   責任を取る 책임을 지다

(4) ~上^{じょう}は ： ~상은

~한 측면에서는, ~한 조건 하에서는. 주로 한자어 뒤에 사용.

N + 上は ※읽는 법에 주의

理論^{りろん}上はできることだが、実際^{じっさい}にはできない。
이론상은 가능한 일이지만, 실제로는 불가능하다.

_____

_____

法律^{ほうりつ}上は問題なくても人としてやってはいけないことだ。
법적으로는 문제가 없더라도 인간으로서 하면 안되는 일이다.

_____

_____

彼は表面^{ひょうめん}上は明るく見えるが、実^{じつ}はそうではない。
그는 겉으로는 밝아 보이지만 사실은 그렇지 않다.

_____

_____

理論 이론　実際 실제　法律 법률　表面 표면, 겉　実は 사실은

34. つつ

(1) ~つつ(も) : ~하면서도

전, 후의 내용이 서로 반대이거나 오류가 있는 상황.

> Vます형 + つつ

妹は宿題が多いと言いつつ、テレビばかり見ている。

여동생은 숙제가 많다고 말하면서도 TV만 보고 있다.

カンニングはダメだと知りつつ何回もやってしまった。

커닝은 하면 안 된다고 알면서도 몇 번이나 하고 말았다.

日本人は無宗教と言いつついつも寺や神社に通う。

일본인은 무종교라고 말하면서도 항상 절이나 신사에 다닌다.

宿題 숙제　カンニング 커닝　無宗教 무종교　寺 절　神社 신사

(2) ~つつある : ~해 가고 있다

어떤 것이 계속해서 같은 방향으로 변화해가는 모습.

V ます형 + つつある

🎎 韓国はますます発展し<mark>つつある</mark>。
한국은 빠르게 발전하고 있다.

_____

_____

👦 今回の豪雨による被害がどんどん広がり<mark>つつある</mark>。
이번 호우에 의한 피해가 점점 확산되고 있다.

_____

_____

👦 最近は人工知能への関心が高まり<mark>つつある</mark>。
최근에는 인공지능에 대한 관심이 계속 높아지고 있다.

_____

_____

👥: 発展 발전　豪雨 호우, 폭우　被害 피해　広がる 확산되다　人工知能 인공지능

35. 一方 (いっぽう)

(1) ～一方 : ~인 한편

~은 ~이지만. 앞 뒤에 꼭 반대되는 내용이 아니어도 사용 가능.

> V 사전형 / イAい / ナAな / Nの + 一方

彼女は勉強は優秀な一方、運動は苦手だという。
그녀는 공부는 뛰어난 반면 운동은 잘 못한다고 한다.

_____

_____

彼は大学院に通う一方、休みには高校生を教えている。
그는 대학원에 다니는 한편 휴일에는 고등학생을 가르치고 있다.

_____

_____

洪水で困っている地域がある一方、干ばつで悩む地域もある。
홍수로 어려움을 겪는 지역이 있는 한편 가뭄으로 고심하는 지역도 있다.

_____

_____

優秀だ 뛰어나다　洪水 홍수　干ばつ 가뭄　悩む 고심하다

(2) ~一方だ : 계속 ~해 가기만 한다

어떠한 변화가 멈추지 않고 계속되는 상황으로, 부정적인 내용에 많이 사용.

V 사전형 + 一方だ

この何年間、彼は太る一方だ。

최근 몇 년간, 그는 계속 살이 찌기만 한다.

_____

_____

全世界で犯罪は増える一方だ。

전세계에서 범죄는 계속 늘어만 간다.

_____

_____

今の政権になってからは税金が増えていく一方だ。

지금의 정권이 된 이후부터는 세금이 계속 늘고 있다.

_____

_____

太る 살찌다　犯罪 범죄　増える 증가하다　政権 정권　税金 세금

18일차

36. ところ

(1) ～ところ : ~한 결과

~해 봤더니 ~였다. 무언가를 해 본 결과를 표현.

> V た형 + ところ

🎎 病院で検査した ところ 、ガンが見つかった。

병원에서 검사한 결과 암이 발견됐다.

_____

_____

👤 結果を確認してみた ところ 、合格だった。

결과를 확인해 봤더니 합격이었다.

_____

_____

👤 映像を調べた ところ 、犯人は被害者の友達だった。

영상을 조사한 결과 범인은 피해자의 친구였다.

_____

_____

🎎 検査 검사 ガン 암 確認 확인 映像 영상 犯人 범인 被害者 피해자

(2) ～ところ(を) : ~한 상황에

'~한 때에', '~한 와중에' 라는 의미의 정중한 표현.

> V 사전형 / Vた형 / イAい / Nの + ところを

🎎 お忙しい<mark>ところ</mark>、ご連絡ありがとうございます。
れんらく

바쁘신 와중에 연락해 주셔서 감사드립니다.

_____

_____

👦 お忙しい<mark>ところ</mark>、すみません。

바쁘신데 죄송합니다.

_____

_____

👨 ご多忙の<mark>ところを</mark>、早速の回答ありがとうございます。
たぼう　　　　　　　　　　さっそく　かいとう

바쁘신 와중에 빠른 답변 감사합니다.

_____

_____

😸 連絡 연락　多忙 다망, 바쁨　早速 빠른　回答 회답, 답변

93

37. 次第^{しだい}

(1) ~次第で・次第だ : ~에 따라서, ~에 달려 있다

~은 ~에 달려 있다. 어떤 조건, 결과에 따라서 달라지는 상황.

> N + 次第で・次第だ

明日ピクニックに行けるかどうかは天気次第だ。

내일 피크닉에 갈 수 있을지 없을지는 날씨에 달려 있다.

_____

_____

検査の結果次第では手術することになるかもしれない。

검사 결과에 따라서는 수술하게 될지도 모른다.

_____

_____

今回の選挙結果次第で、政治を辞めるかもしれない。

이번 선거결과에 따라서는 정치를 그만 둘지도 모른다.

_____

_____

ピクニック 피크닉　検査 검사　結果 결과　選挙 선거　政治 정치

(2) ~次第 : ~하면 곧바로

'~하는 대로 곧장'이라는 의미의 정중한 표현으로 업무상에서 많이 사용.

V ます형 / N + 次第

🧑 課長が戻り次第、折り返しお電話させます。

과장이 돌아오면 곧바로 이쪽에서 전화드리도록 하겠습니다.

_____

_____

🧑 面接の日程が決まり次第、ご連絡いたします。

면접 일정이 정해지는 대로 연락드리겠습니다.

_____

_____

🧑 資料は作成の完了次第、メールでお送りいたします。

자료는 작성이 끝나면 곧바로 메일로 보내겠습니다.

_____

_____

🦶 課長 과장 折り返し (반대로)이쪽에서 面接 면접 日程 일정 資料 자료 作成 작성 完了 완료

38. べき

(1) ~べきだ : 당연히 ~해야 한다

꼭 ~해야 한다. 강한 자신의 생각, 주장, 신념을 표현.

V 사전형 + べきだ (する는 すべき도 가능)

ルールは守る **べきだ**。

규칙은 꼭 지켜야 한다.

せんぱい めんせつ
先輩が面接で聞く **べき** ことを教えてくれた。

선배가 면접에서 꼭 물어봐야 하는 것들을 알려 주었다.

しけいせいど はいし
死刑制度は廃止する **べきだ** と思いますか。

사형제도는 폐지해야 한다고 생각합니까?

ルール 룰, 규칙　先輩 선배　面接 면접　死刑 사형　制度 제도　廃止 폐지

(2) ~べきではない : ~하면 안 된다

절대로 ~하면 안 된다. 강한 자신의 생각, 주장, 신념을 표현.

V 사전형 + べきではない (する는 すべき도 가능)

人を外見で判断するべきではない。
<ruby>外見<rt>がいけん</rt></ruby> <ruby>判断<rt>はんだん</rt></ruby>

사람을 외모로 판단하면 안 된다.

_____

_____

電車の中では大声で騒ぐべきではない。
<ruby>大声<rt>おおごえ</rt></ruby> <ruby>騒<rt>さわ</rt></ruby>

전철 안에서는 큰 목소리로 떠들면 안 된다.

_____

_____

子供に対する暴力は許すべきではない。
<ruby>暴力<rt>ぼうりょく</rt></ruby> <ruby>許<rt>ゆる</rt></ruby>

아이에 대한 폭력은 용서하면 안 된다.

_____

_____

外見 외모, 겉모습 判断 판단 大声 큰목소리 騒ぐ 떠들다 暴力 폭력 許す 용서하다

39. さえ

(1) ~さえ~ば : ~만 ~하면

무언가를 하기 위한 단 하나의 조건, 혹은 마지막 조건.

> Vます형 + さえ + すれば/しなければ, イAく / ナAで / N(で) + さえ~ば

お金さえあれば結婚できると思う？
けっこん

돈만 있으면 결혼할 수 있다고 생각해?

_____

_____

この書類の片付けさえすれば家に帰れる。
しょるい　かたづ

이 서류만 정리하면 집에 돌아갈 수 있다.

_____

_____

明日、寒くさえなければドライブに行くつもりだ。

내일 춥지만 않으면 드라이브하러 나갈 생각이다.

_____

_____

結婚 결혼　書類 서류　片付ける 정리하다　ドライブ 드라이브

(2) ~さえ：~도, ~조차

~조차, ~마저. 그것 이외의 것은 당연히 ~하다는 의미.

N + さえ

🧑 喉が痛くて水さえ飲めない。

목이 아파서 물조차 마실 수 없다.

_____

_____

🧑 そんな簡単なことは子供さえできる。

그런 간단한 일은 어린아이도 할 수 있다.

_____

_____

🧑 好きな人ができたが、まだ名前さえ知らない。

좋아하는 사람이 생겼지만 아직 이름조차 모른다.

_____

_____

😺 喉 목　痛い 아프다　簡単 간단

Chapter2 **Review**

28. **わけ**

(1) **~わけだ** : 그러니까 (당연히) ~한 것이다

お母さんが日本人だから、日本語は上手なわけだ。

(2) **~わけがない** : ~할 리가 없다

真面目な彼が授業をサボるわけがない。

(3) **~わけにはいかない** : (하고 싶지만) ~할 수 없다

風邪だけど、会社に行かないわけにはいかない。

(4) **~わけではない** : 꼭 ~인 것은 아니다

テレビをつけておいたが、見ているわけではない。

29. こと

(1) **~ことから** : ~라는 것을 이유로

<ruby>袋<rt>ふくろ</rt></ruby>の<ruby>形<rt>かたち</rt></ruby>の<ruby>池<rt>いけ</rt></ruby>があったことから<ruby>池袋<rt>いけぶくろ</rt></ruby>という<ruby>名前<rt>なまえ</rt></ruby>がついた。

---

(2) **~ことだから** : ~이니까 아마도

あなたのことだから、<ruby>心配<rt>しんぱい</rt></ruby>は<ruby>要<rt>い</rt></ruby>らないと<ruby>思<rt>おも</rt></ruby>う。

---

(3) **~ことなく** : ~하는 일 없이

まだ<ruby>梅雨<rt>つゆ</rt></ruby>でもないのに<ruby>雨<rt>あめ</rt></ruby>が<ruby>止<rt>や</rt></ruby>むことなく<ruby>降<rt>ふ</rt></ruby>り<ruby>続<rt>つづ</rt></ruby>いている。

---

(4) **~ないことには~ない** : ~하지 않고서는 ~할 수 없다

やってみないことには、できるかどうか<ruby>分<rt>わ</rt></ruby>からない。

---

30. もの

(1) **～ものだ(1)** : 본래 ~한 것이다

人の性格はなかなか変わらない<mark>ものだ</mark>。

---

(2) **～ものだ(2)** : (과거에) 자주 ~했었지

子供のころは、この辺でよく遊んだ<mark>ものだ</mark>。

---

(3) **～ものなら** : ~라면

できる<mark>ものなら</mark>、やってみて。

---

(4) **～ものがある** : ~한 부분이 있다

彼の声には人を引き付ける<mark>ものがある</mark>。

---

31. ばかり

(1) **~ばかり** : ~만, ~만 많이

このクラスは男ばかりだ。

---

(2) **~ばかりだ** : 계속 ~하기만 하다(부정적인 변화)

最近日本の物価は上がるばかりだ。
ぶっか　あ

---

(3) **~ばかりでなく** : ~뿐 아니라

工場のせいで空気ばかりでなく水も汚染されている。
こうじょう　　くうき　　おせん

---

(4) **~ばかりはいられない** : ~하고 있을 수만은 없다

来週が試験なので遊んでばかりはいられない。
らいしゅう　しけん　あそ

---

32. だけ

(1) **~だけに** : ~인 만큼

期待_{きたい}が高かった<mark>だけに</mark>、失望_{しっぼう}も大きかった。

---

(2) **~だけの** : ~할 만한

この本は読んでみる<mark>だけの</mark>価値_{かち}がある。

---

(3) **~だけあって** : ~인 만큼

有名な<mark>だけあって</mark>、この店のデザートはおいしい。

---

(4) **~だけましだ** : ~만도 다행이다

このような不況_{ふきょう}の時には仕事がある<mark>だけましだ</mark>。

---

33. 上

(1) **~上に** : ~에 더하여

昨日は寒かった**上に**、雨まで降って大変だった。

---

(2) **~上で** : ~한 다음에

よく考えた**上で**どうするか決めます。

---

(3) **~上は** : ~한 이상

約束した**上は**、何があっても守ります。

---

(4) **~上は** : ~상은

理論**上は**できることだが、実際にはできない。

---

34. つつ

(1) **~つつ** : ~하면서도

<ruby>妹<rt>いもうと</rt></ruby> は宿題が多いと言いつつ、テレビばかり見ている。

(2) **~つつある** : ~해 가고 있다

韓国はますます<ruby>発展<rt>はってん</rt></ruby>しつつある。

35. 一方

(1) **~一方** : ~인 한편

彼女は勉強は<ruby>優秀<rt>ゆうしゅう</rt></ruby>な一方、<ruby>運動<rt>うんどう</rt></ruby>は<ruby>苦手<rt>にがて</rt></ruby>だという。

(2) **~一方だ** : 계속 ~해가기만 한다

この<ruby>何年間<rt>なんねんかん</rt></ruby>、彼は<ruby>太<rt>ふと</rt></ruby>る一方だ。

36. ところ

(1) **~ところ** : ~한 결과

病院で検査した<mark>ところ</mark>、ガンが見つかった。

けんさ

---

(2) **~ところ(を)** : ~한 상황에

お忙しい<mark>ところ</mark>、ご連絡ありがとうございます。

れんらく

---

37. 次第

(1) **~次第で・次第だ** : ~에 따라서, ~에 달려 있다

明日ピクニックに行けるかどうかは天気<mark>次第だ</mark>。

---

(2) **~次第** : ~하면 곧바로

課長が戻り<mark>次第</mark>、折り返しお電話させます。

かちょう　もど　　　　　　お　かえ

38. べき

(1) **~べきだ** : 당연히 ~해야 한다(강한 자기 주장)

ルールは守る べきだ 。

---

(2) **~べきではない** : ~하면 안 된다(강한 자기 주장)

人を外見（がいけん）で判断（はんだん）する べきではない 。

---

39. さえ

(1) **~さえ~ば** : ~만 ~하면

お金 さえあれば 結婚（けっこん）できると思う？

---

(2) **~さえ** : ~도, ~조차

喉（のど）が痛くて水 さえ 飲めない。

일본어판 '간장공장 공장장은~'

"간장 공장 공장장은 강 공장장이고, 된장 공장 공장장은 공 공
장장이다."

"내가 그린 기린 그림은 긴 기린 그림이고 네가 그린 기린 그림
은 안 긴 기린 그림이다."

위에 소개한 것처럼 한국에 정확한 발음 연습을 위한 문장들이
있듯이, 일본에도 아나운서 등이 연습하는 대표적인 문장들이 있습
니다. 단, 일본어는 악센트가 있는 언어이기 때문에 발음뿐 아니라
악센트도 함께 연습하는 문장입니다.

발음은 같지만 의미는 다른 동음이의어, 악센트가 다른 단어들을
모아 만든 문장들로, 의미는 다소 어색하지만 발음과 악센트 연습
에 도움이 되도록 작성된 것입니다. 그 중에서 대표적인 두 문장을
소개합니다.

시간이 날 때마다 연습한다면 발음과 악센트를 익히는데 도움이
될 것입니다.

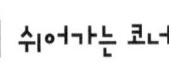

は<u>し</u>のは<u>し</u>をは<u>し</u>をもってあ<u>る</u>いていると、

(橋の端を箸を持って歩いていると)

다리의 가장자리를 젓가락을 들고 걷고 있었더니

か<u>め</u>にいれた<u>かめ</u>が<u>か</u>きよりも<u>か</u>きが<u>い</u>いといった。

(瓶に入れた亀が柿よりも牡蠣がいいと言った)

항아리에 넣은 거북이가 감보다도 굴이 좋다고 말했다.

<u>あ</u>きがきたら<u>あ</u>きがきたのか、<u>ア</u>パートに<u>あ</u>きが<u>で</u>た。

(秋が来たら飽きが来たのか、アパートに空きが出た)

가을이 되니 싫증이 난 것인지, 아파트에 빈집이 나왔다.

다양한 표현들,
어휘력 늘리기

40. ~はもとより : ~은 물론

~はもちろん과 같은 의미이지만 もとより가 더 정중한 표현.

> N + はもとより

車はもとより自転車（じてんしゃ）もありません。

자동차는 물론 자전거도 없습니다.

_____

_____

日本でアニメは子供はもとより大人にも愛（あい）されている。

일본에서 애니메이션은 아이들은 물론 어른들에게도 사랑받는다.

_____

_____

このドラマは、主人公（しゅじんこう）はもとより脇役（わきやく）も魅力的（みりょくてき）だ。

이 드라마는 주인공은 물론 조연 배우도 매력적이다.

_____

_____

自転車 자전거　脇役 조연　魅力的 매력적

41. ～はともかく : ～은 어쨌든

여하튼. ～은 차치하고. ～은 ～하더라도 그것과는 상관없이.

N + はともかく

🎎 あなたの料理は見た目はともかく味はおいしい。

네 요리는 겉보기는 어쨌든 맛있다.

_____

_____

👦 このスニーカー、デザインはともかく楽でいい。

이 스니커, 디자인은 어쨌든 편해서 좋다.

_____

_____

🎎 今はともかく子供のころの弟は可愛かった。

지금은 어떻게 보일지 몰라도 어릴 때 남동생은 귀여웠다.

_____

_____

👣 見た目 겉모양　楽だ 편하다　可愛い 귀엽다

42. ~まだしも : ~라면 모를까

'~은 그런대로 괜찮지만 ~은 아니다'라는 표현에 사용.

> N + は / なら + まだしも

私の日本語力では旅行は<mark>まだしも</mark>留学は無理だ。
내 일본어실력으로는 여행이라면 모를까 유학은 무리다.

_____

_____

国内なら<mark>まだしも</mark>海外へ一人で行くのは少し怖い。
국내라면 모를까 해외에 혼자 가는 것은 조금 무섭다.

_____

_____

温度が高いだけなら<mark>まだしも</mark>湿度まで高い夏は苦しい。
온도가 높은 것뿐이라면 몰라도 습도까지 높은 여름은 괴롭다.

_____

_____

留学 유학　温度 온도　湿度 습도　苦しい 괴롭다

114

43. ～どころか : ~은커녕

뒤에 더 심한 상황, 조건을 제시. ナA와 N 뒤에 だ는 붙지 않음.

> V 보통형 / イA 보통형 / ナA 보통형 / N 보통형 + どころか

忙しくて夏休みどころか週末も休めないよ。

바빠서 여름휴가는커녕 주말에도 못 쉬어.

_____

_____

忙しいどころか毎日暇で退屈だ。

바쁘기는커녕 매일 한가해서 지루하다.

_____

_____

彼女どころか知り合いの女すら一人もいない。

애인은커녕 알고 지내는 여자조차 한 명 없다.

_____

_____

夏休み 여름휴가 週末 주말 暇だ 한가하다 退屈だ 지루하다 知り合い 아는 사람

44. ～に先立ち・先立って

: ~에 앞서서

~하기 이전에, ~을 하기 전에 행해지는 일, 상황.

> V 사전형 / N + に先立ち・先立って

開店に先立ち、店員皆が参加する飲み会をした。

개점을 앞두고 점원 모두가 참가하는 회식을 했다.

_____

_____

試合を始めるに先立って審判がルールを説明した。

시합에 앞서 심판이 규칙을 설명했다.

_____

_____

変更に先立ち、現在のパスワードを入力してください。

변경에 앞서, 현재의 비밀번호를 입력해 주십시오.

_____

_____

開店 개점 参加 참가 飲み会 회식, 술자리 審判 심판 変更 변경

45. ~に際して^{さい} : ~할 때

~할 때에 맞춰. 일상적인 일이 아닌 특별한 일에 대해 쓰는 정중한 표현.

V 사전형 / N + に際して

契約^{けいやく}に際して、この書類^{しょるい}を読んでください。

계약하기 전에 이 서류를 읽어 주십시오.

お申込^{もうしこ}みに際しての留意事項^{りゅういじこう}があります。

신청할 때의 유의사항이 있습니다.

選挙^{せんきょ}に際して、新しい法律^{ほうりつ}が施行^{しこう}された。

선거에 맞춰 새로운 법이 시행되었다.

契約 계약   申込み 신청   留意事項 유의사항   選挙 선거   法律 법률   施行 시행

117

46. ~に応じて : ~에 맞춰

~에 따라서. 무언가의 기준, 상황에 대응하여.

N + に応じて

税金は所得に応じて変わります。

세금은 소득에 따라 달라집니다.

実績に応じてボーナスを支給する。

실적에 맞춰 보너스를 지급한다.

2in1パソコンは必要に応じて形が変えられる。

2in1 PC는 필요에 따라 형태를 바꿀 수 있다.

税金 세금   所得 소득   実績 실적   支給 지급   形 형태

47. ～をめぐって・めぐり : ～을 둘러싸고

~에 관하여. 2명 이상의 사람들이 논의하거나 논쟁하는 주제를 표현.

> N + をめぐって・めぐり

🎎 遺産をめぐり、家族の間で争いが起こった。

유산을 둘러싸고 가족간에 다툼이 일어났다.

_____

_____

👦 デート費用をめぐって彼女とケンカになった。

데이트 비용에 관해서 여자친구와 싸움이 났다.

_____

_____

👧 ＥＶをめぐっては、充電施設の整備など課題もある。

전기자동차와 관련해서는 충전시설 정비 등 (해결해야 할) 과제도 있다.

_____

_____

👣 遺産 유산 争い 다툼 ＥＶ 전기자동차 充電 충전 施設 시설 整備 정비

23일차

48. ~といった : ~등

여러 가지 중에서 하나, 혹은 몇 가지를 뽑아서 예로 들 때.

> N + といった

最近はベトナム**といった**東南アジアからの留学生が多い。
최근에는 베트남 등 동남아시아에서 온 유학생이 많다

_____

_____

日本にはソニー、パナソニック**といった**有名な会社が多い。
일본에는 소니, 파나소닉 등 유명한 회사가 많다.

_____

_____

ミニ洗濯機**といった**一人暮らし用家電が増えている。
미니 세탁기 등 혼자 사는 사람을 위한 가전제품이 늘고 있다

_____

_____

🐾 ベトナム 베트남　東南アジア 동남아시아　留学生 유학생　一人暮らし 혼자 사는 사람, 1인 세대

49. ~をはじめ : ~을 비롯해

~을 시작으로 하여. 여러 가지 중에서 대표적인 것을 뽑아 제시.

> N + をはじめ

🎎 この店はイチゴをはじめ、リンゴ、みかんなど果物が多い。
　　이 가게는 딸기를 비롯해 사과, 귤 등 과일이 많다.

_____

_____

😛 この動物園には文鳥をはじめ、小鳥が多い。
　　이 동물원에는 문조를 비롯해 작은 새가 많다.

_____

_____

🙂 ピアノをはじめ、ギター、ドラムなどの楽器が習いたい。
　　피아노를 비롯해 기타, 드럼 등의 악기가 배우고 싶다.

_____

_____

😺 果物 과일　動物園 동물원　文鳥 문조(새 종류)　小鳥 작은 새　楽器 악기

50. ~にしろ~にしろ : ~도 ~도, ~든 ~든

두 가지 조건이나 상황 어느 쪽이든 모두.

> V 보통형 / イA 보통형 / ナA 보통형 / N 보통형 + にしろ

参加_{さんか}するにしろしないにしろ、ご連絡_{れんらく}ください。
참가하든 안 하든 연락 주세요.

_____

_____

冗談_{じょうだん}にしろ本気_{ほんき}にしろ、そんな話は気持ち悪い。
농담이든 진담이든 그런 이야기는 기분이 나쁘다.

_____

_____

仕事にしろ勉強にしろ教_{おし}えることが上手な人がいる。
일이든 공부든 가르치는 것이 뛰어난 사람이 있다.

_____

_____

🐾 参加 참가   冗談 농담   本気 진심, 진담   教える 가르치다

122

51. ~やら~やら : ~와 ~등

비슷한 내용들을 나열할 때. 어수선하거나 바쁜 상황 설명에 자주 사용.

> V 사전형 / イAい / N + やら

🎎 春になると、花粉症やら風邪やらで大変だ。

봄이 되면 꽃가루 알레르기, 감기 등으로 힘들다.

_____

_____

👦 年末は掃除やら料理やらで忙しかった。

연말에는 청소, 요리 등으로 바빴다.

_____

_____

👦 最近はゲームやら漫画やら、遊びに夢中になっている。

요즘은 게임, 만화 등 노는 것에 빠져 있다.

_____

_____

🐾 花粉症 꽃가루 알레르기 忙しい 바쁘다 遊び 노는것, 놀이 夢中になる 빠지다, 몰두하다

52. ～ものの : ~이지만, ~했지만

기대에 못 미치거나 기대와는 다른 결과가 나온 상황.

> V 보통형 / イA 보통형 / ナA 명사수식형 + ものの

🧑 文法は覚えたものの、まだ自然な会話は難しい。

문법은 외웠지만 아직 자연스러운 회화는 어렵다.

_____

_____

🧑 今の仕事はやりがいはあるものの、帰りが遅すぎて辛い。

지금 하는 일은 보람은 있지만 퇴근이 너무 늦어서 힘들다.

_____

_____

🧑 事情を説明したものの、理解してもらえなかった。

사정을 설명했지만 이해해 주지 않았다.

_____

_____

🌸 やりがい 보람　帰り 귀가, 퇴근　事情 사정　説明 설명　理解 이해

53. ~あまり : 너무 ~한 나머지

과도하게 ~해서 좋지 않은 결과가 나왔을 때.

> V 사전형 / Vた형 / ナAな / イAさ(명사형)の / Nの + あまり

面接の前、緊張の<mark>あまり</mark>、泣いてしまった。
면접 전에, 너무나 긴장한 나머지 울고 말았다.

_____

_____

行方不明になった子供の親は心配の<mark>あまり</mark>、倒れてしまった。
행방불명된 아이의 부모는 너무 걱정한 끝에 쓰러지고 말았다.

_____

_____

利益を重視した<mark>あまり</mark>人権は無視する企業もある。
이익을 너무 중시한 나머지 인권은 무시하는 기업도 있다.

_____

_____

面接 면접 緊張 긴장 行方不明 행방불명 倒れる 쓰러지다 利益 이익 重視 중시 人権 인권

54. あげく : ~한 끝에

오랫동안 ~한 다음에 결국. 부정적이거나 유감스러운 결과나 나왔을 때.

> Vた형 / Nの + あげく

🧑 悩みの<mark>あげく</mark>、彼と別れることにした。
오랫동안 고민한 끝에 그와 헤어지기로 했다.

_____

_____

🧑 あれこれ考えた<mark>あげく</mark>、留学は諦めてしまった。
이것저것 생각한 끝에 유학은 포기하고 말았다.

_____

_____

🧑 注文の後3週間も待たされた<mark>あげく</mark>キャンセルした。
주문 후 3주나 기다리다가 결국 취소했다.

_____

_____

🐾 悩み 고민　　別れる 헤어지다　　留学 유학　　諦める 포기하다

55. ～がち : 자주 ~하다

~하기 쉽다. ~하는 횟수가 많은 상황.

> V ます形 / N + がち

🧑 ストレスが貯^たまると忘れがちになる。
스트레스가 쌓이면 건망증이 심해진다.

_____

_____

👦 子供のときは病気^{びょうき}がちで学校を休む日が多かった。
어릴 때는 병치레가 잦아 학교를 쉬는 날이 많았다.

_____

_____

🧑 肌^{はだ}が乾燥^{かんそう}しがちの春なので肌^{はだ}の手入^{てい}れをしている。
피부가 건조해지기 쉬운 봄이라서 피부 관리를 하고 있다.

_____

_____

🐾 貯まる 쌓이다　病気 병, 질병　乾燥 건조　手入れ 관리

56. かねる : ~하기 어렵다

어떤 행동을 하기 곤란하거나 어려운 상황.

Vます형 + かねる

彼の歌は、お世辞にも上手いとは言いかねる。

그의 노래는 예의상으로도 잘한다고 말하기 어렵다.

_____

_____

あなたの提案には賛成しかねる。

너의 제안에는 찬성하기 어렵다.

_____

_____

一人では判断しかねるので先生に相談するつもりだ。

혼자서는 판단하기 어려워서 선생님께 상담할 생각이다.

_____

_____

お世辞に 예의상　提案 제안　賛成 찬성　判断 판단　相談 상담

57. かねない : ~할 수도 있다

~할 지도 모른다, ~할 가능성이 있다. 나쁜 결과를 예측할 때.

> Vます형 + かねない

居眠り運転をすると大事故になりかねない。

졸음운전을 하면 큰 사고가 날 수도 있다.

_____

_____

そんなひどいことも、金課長なら言いかねない。

그런 심한 말도, 김 과장이라면 할 수도 있다.

_____

_____

火事になりかねないので山では禁煙するべきだ。

화재가 날지도 모르기 때문에, 산에서는 금연해야 한다.

_____

_____

居眠り運転 졸음운전 大事故 큰 사고 課長 과장 火事 화재 禁煙 금연

58. ~しかない : ~하는 수 밖에 없다

~해야 한다. 선택할 수 있는 방법은 ~밖에 없다.

> V 사전형 / N + しかない

太るのが嫌なら運動するしかない。

살 찌는 게 싫으면 운동하는 수밖에 없다.

_____

_____

バスがないので、タクシーに乗るしかない。

버스가 없으니 택시를 타는 수밖에 없다.

_____

_____

試験に行けなかったから、諦めるしかない。

시험에 못 갔으니 포기하는 수밖에 없다.

_____

_____

太る 살이 찌다　試験 시험　諦める 포기하다

59. ざるを得ない : ~하지 않을 수 없다

하고 싶지 않지만 주변 상황, 조건으로 인해 할 수밖에 없는 상황.

> V ない형 + ざるを得ない ※ 단, する → せざる

会社の方針なので従わざるを得ない**。**

회사 방침이니까 따르지 않을 수 없다.

_____

_____

収入が減ったので節約せざるを得ない**。**

수입이 줄었으니 절약하지 않을 수 없다.

_____

_____

体調が悪くて会社を休まざるを得なくなった**。**

건강이 안 좋아서 회사를 쉬어야만 하게 되었다.

_____

_____

方針 방침　従う 따르다　収入 수입　節約 절약　体調 몸 상태, 건강

131

60. ～以来 : ~한 이후

'~이후부터 지금까지 계속'이라는 의미.

> V て형 / N + 以来

🎎 結婚して 以来、一人旅はしたことがない。

결혼 이후에는 혼자서 여행한 적이 없다.

_____

_____

👦 彼は入社以来、一回も遅刻をしていない。

그는 입사한 이후 한 번도 지각한 적이 없다.

_____

_____

👦 その会社は創業以来、赤字になったことがない。

그 회사는 창업한 이후 지금까지 적자를 낸 적이 없다.

_____

_____

🐾 一人旅 혼자 하는 여행   入社 입사   創業 창업   赤字 적자

61. ~反面 : ~인 반면(=半面)

~인 것에 반해. ~은 ~하지만. 앞뒤에 서로 상반되는 내용.

V 사전형 / イAい / ナAな / ナAである / Nである + 反面

彼は勉強は上手な反面、運動は下手だ。
그는 공부는 뛰어난 것에 반해 운동은 잘 못한다.

_____

_____

夫は真面目な反面、人間関係は苦手だ。
남편은 성실하기는 하지만 인간관계는 서툴다.

_____

_____

うちの子は外では大人しい反面、家ではとても活発だ。
우리 아이는 밖에서는 조용한 반면, 집에서는 굉장히 활발하다.

_____

_____

真面目だ 성실하다 人間関係 인간관계 苦手だ 서툴다 大人しい 조용하다 活発 활발

62. ～抜きに・抜きで ： ~을 빼고

'~은 제외하고' 혹은 '~은 고려하지 않고'라는 의미.

N + 抜きに・抜きで

お世辞抜きに、あなたの料理は本当にうまいよ。
겉치레는 빼고(예의상 하는 말이 아니라) 네 요리는 정말 맛있다.

_____

_____

家族が私抜きで外食に行った。
가족들이 나를 빼고 외식을 하러 갔다.

_____

_____

主人公の彼女抜きで、飲み会は始められない。
주인공인 그녀를 빼고서 회식은 시작할 수 없다.

_____

_____

お世辞 예의상 하는 말   外食 외식   飲み会 회식, 술자리

63. 〜に限^{かぎ}って・限^{かぎ}り : ~에 한해

~만큼은. ~만 예외적으로. 단, 횟수, 시간, 숫자 뒤에 쓸 때는 に 생략.

N + に限って・限り

🧑 本日^{ほんじつ}限り50%セールします。

오늘 하루만 50% 세일합니다.

_____

_____

🧑 うちの子に限ってあんな悪いことをするはずがないよ。

우리 아이만큼은 그런 나쁜 짓을 할 리가 없다.

_____

_____

🧑 急^{いそ}いでいるときに限って信号^{しんごう}によく引っかかる感^{かん}じがする。

서두를 때에만 신호에 잘 걸리는 듯한 느낌이 든다.

_____

_____

🐾 セール 세일,할인 はずがない ~할 리가 없다 信号 신호 引っかかる 걸리다

135

64. ~に決まっている
: 분명히 ~할 것이다

'틀림없이 ~할 것이다'라는 추측. 단, ナA와 N 뒤에 だ는 붙지 않음.

V 보통형 / イA 보통형 / ナA 보통형 / N 보통형 + に決まっている

能力があるから就職できるに決まっている。

능력이 있으니 분명히 취직할 수 있을 것이다.

＿＿＿＿＿＿＿＿＿＿＿＿＿＿＿＿＿＿＿＿＿＿

＿＿＿＿＿＿＿＿＿＿＿＿＿＿＿＿＿＿＿＿＿＿

今回の試合は大負けに決まっている。

이번 시합은 분명 큰 차이로 질 것이다.

＿＿＿＿＿＿＿＿＿＿＿＿＿＿＿＿＿＿＿＿＿＿

＿＿＿＿＿＿＿＿＿＿＿＿＿＿＿＿＿＿＿＿＿＿

こんな遅い時間に帰ると母に怒られるに決まっている。

이렇게 늦은 시간에 집에 가면 엄마한테 혼날 것이 분명하다.

＿＿＿＿＿＿＿＿＿＿＿＿＿＿＿＿＿＿＿＿＿＿

＿＿＿＿＿＿＿＿＿＿＿＿＿＿＿＿＿＿＿＿＿＿

就職 취직   試合 시합   大負け 대패(큰 차이로 지는 것)   怒られる 혼나다

65. ~にほかならない : ~임이 확실하다

~가 분명하다. 바로 ~이다. 확신을 갖고 단정적으로 표현할 때 사용.

> N + にほかならない

🗿 私たちが出会ったのは運命にほかならない。
우리가 만난 것은 분명 운명이다.

_____

_____

😊 太った原因は食べ過ぎにほかならない。
살이 찐 원인은 과식임이 확실하다.

_____

_____

🙂 優勝は努力の結果にほかならない。
우승은 노력의 결과임이 분명하다.

_____

_____

👣 出会う 만나다　運命 운명　優勝 우승　努力 노력

66. ～に<ruby>違<rt>ちが</rt></ruby>いない : 분명히 ~일 것이다

틀림없이 ~일 것이다. 강한 확신을 표현. 단, ナA, N 뒤에 だ는 붙지 않음.

> V 보통형 / イA보통형 / ナA보통형 / N 보통형 + に違いない

🎎 あのブランドのバックだから高かったに違いない。

저 브랜드의 가방이니까 분명 비쌌을 것이다.

_____

_____

👦 私は<ruby>皆<rt>みな</rt></ruby>に<ruby>嫌<rt>きら</rt></ruby>われているに違いない。

나는 모두에게 미움받고 있는 것이 분명하다.

_____

_____

👧 人には<ruby>前世<rt>ぜんせ</rt></ruby>があるに違いないと<ruby>信<rt>しん</rt></ruby>じる人もいる。

사람에게는 분명히 전생이 있다고 믿는 사람도 있다.

_____

_____

🐾 ブランド 브랜드, 상표　嫌う 싫어하다, 미워하다　前世 전생　信じる 믿다

67. ～というより : ~라고 하기보다는

'더 적절하게 표현한다면 오히려 ~라고 말해야 한다'라는 의미.

V 보통형 / イA보통형 / ナA보통형 / N 보통형 + というより

🎎 トッポギとおでんはおやつというより食事に近い。
떡볶이와 오뎅은 간식이라기보다는 식사에 가깝다.

_____

_____

🧒 うちの父は厳しいというより怖い。
우리 아버지는 엄격하다기보단 무섭다.

_____

_____

👦 彼女はもう歌手というより俳優だ。
그녀는 이제 가수라기보다는 배우다.

_____

_____

🐾 おやつ 간식　厳しい 엄격하다　怖い 무섭다　俳優 배우

68. ~にすぎない : 단지 ~일 뿐이다

~에 불과하다. 그 이상의 의미는 없다는 것을 표현.

V 보통형 / N + にすぎない

彼の話は言い訳にすぎない。

그의 이야기는 단지 변명일 뿐이다.

_____

_____

ネット上のニュースは噂にすぎない話が多い。

인터넷상의 뉴스는 소문에 불과한 이야기가 많다.

_____

_____

今回の会談は両国が意見交換をしたにすぎない。

이번 회담은 두 나라가 의견교환을 한 것에 불과하다.

_____

_____

言い訳 변명　噂 소문　結婚 결혼　会談 회담　意見交換 의견교환

69. ~恐^{おそ}れがある : ~할 우려가 있다

~할 가능성이 있다. 부정적인 가능성, 추측에 사용.

V 사전형/ Nの + 恐れがある

35度^どを超^こえる真夏^{まなつ}には熱中症^{ねっちゅうしょう}の恐れがある。
35도를 넘는 한여름에는 열사병에 걸릴 우려가 있다.

_____

_____

今年^こは経済成長率^{けいざいせいちょうりつ}が下^さがる恐れがある。
올해는 경제성장률이 하락할 우려가 있다.

_____

_____

このパソコンはウイルスに感染^{かんせん}している恐れがあります。
이 컴퓨터는 바이러스에 감염되었을 가능성이 있습니다.

_____

_____

真夏 한여름 熱中症 열사병 経済成長率 경제성장률 ウイルス 바이러스 感染 감염

70. ~からといって・からって : ~라고 해서

'~라고 해서 모두 ~인 것은 아니다'와 같이 뒤에는 주로 부정적 표현이 온다.

V 보통형 / イA보통형 / ナA보통형 / N 보통형 + からといって (= からって)

先輩だ**からといって**なんでも知っているわけではない。
선배라고 해서 무엇이든 알고 있는 것은 아니다.

_____

_____

彼氏に振られた**からって**、すべてを諦めちゃダメだ。
남자친구에게 차였다고 해서 모든 것을 포기하면 안 된다.

_____

_____

単語を覚えた**からといって**会話ができるわけではない。
단어를 외었다고 해서 대화가 가능한 것은 아니다.

_____

_____

先輩 선배   振られる 이성에게 거절당하다   諦める 포기하다

71. ~どころではない : ~할 상황이 아니다

'~하고 싶지만 지금은 결코 할 수 있는 상황이 아니다'라는 의미.

> V 사전형 / N + どころではない

🎎 明日が面接なので、お酒を飲むどころではない。
내일이 면접이라서 술을 마실 상황이 아니다.

_____

_____

😝 風邪がひどくて旅行に行くどころではなかった。
감기가 심해서 도저히 여행 갈 상황이 아니었다.

_____

_____

😀 彼は今、司法試験の勉強中で恋愛どころではない。
그는 지금 사법시험 공부 중이라 연애할 상황이 아니다.

_____

_____

🐾 面接 면접 風邪 감기 旅行 여행 司法試験 사법시험 恋愛 연애

72. ~ながらも : ~하면서도, ~지만

'~이지만 의외로 ~였다'와 같이 뒤에 예상과 다른 내용을 표현

Vます形 / Vない形 / イAい / ナA어간 / Nであり + ながらも

留学生の時は貧しいながらも幸せだった。
유학생 시절은 가난했지만 행복했다.

_____

_____

今住んでいる家は狭いながらも過ごしやすい。
지금 살고 있는 집은 좁지만 지내기 편하다.

_____

_____

親はたまにケンカをしながらも仲良くしている。
부모님은 가끔 다투지만 사이좋게 지내고 있다.

_____

_____

留学生 유학생 貧しい 가난하다 狭い 좁다 嬉しい 기쁘다 ケンカをする 다투다, 싸우다

73. ~のみならず : ~뿐 아니라

~뿐 아니라 그 이외의 것도. 단, ナA와 N 뒤에 だ는 붙지 않음.

> V 보통형 / イA 보통형 / ナA 보통형 / N 보통형 + のみならず

💁 アニメは日本のみならず世界中で人気がある。

애니메이션은 일본뿐 아니라 세계적으로 인기가 많다.

_____

_____

👦 地震で電気のみならず水道まで止まってしまった。

지진으로 전기뿐만 아니라 수도까지 끊겨 버렸다.

_____

_____

💁 政府は責任を認めないのみならず、解明もしていない。

정부는 책임을 인정하지 않을 뿐 아니라 해명도 하지 않고 있다.

_____

_____

🍎 地震 지진　水道 수도　責任 책임　認める 인정하다　解明 해명

145

74. ~きり(だ) : ~한 이후 그대로다

어떤 시점 이후, 그때의 상황이 지금까지 지속되고 있는 것.

> V た형 + きり(だ)

こうこう　　　　　　　　　そつぎょうしき
高校の友達とは、卒業式で会ったきりだ。
고등학교 친구와는 졸업식 때 만난 것이 마지막이다.

_____

_____

あさ
朝ジュースを飲んだきり、何も食べていない。
아침에 주스를 마신 이후 아무것도 먹지 않았다.

_____

_____

せんしゅう
弟は先週、旅行に行ったきりでなんの連絡もない。
남동생은 지난주에 여행을 간 이후 아무 연락도 없다.

_____

_____

高校 고등학교　卒業式 졸업식　先週 지난 주　連絡 연락

75. ~まい : 절대 ~하지 않을 것이다

결코 ~할 생각은 없다. 부정적인 확신을 표현할 때 사용.

> V 사전형 + まい (2그룹 동사는 ます형도 가능)

初恋が終わった時は、これから恋なんてする**まい**と思ったが…
첫사랑이 끝났을 때는, 앞으로 사랑 같은 건 절대 하지 않겠다고 생각했지만…

味もサービスも最低だった。あの店には二度と行く**まい**。
맛도 서비스도 최악이었다. 저 가게에는 두 번 다시 가지 않겠다.

もう酒は飲む**まい**と思ったのに、また飲んでしまった。
이제 술은 절대 마시지 않으려 했는데 또 마시고 말았다.

初恋 첫사랑   サービス 서비스   最低 최악, 형편없음

Chapter3 **Review**

40. **～はもとより** : ~은 물론

車はもとより自転車もありません。

---

41. **～はともかく** : ~은 어쨌든

あなたの料理は見た目はともかく味はおいしい。

---

42. **～まだしも** : ~라면 모를까

私の日本語力では旅行はまだしも留学は無理だ。

---

43. **～どころか** : ~은커녕

忙しくて夏休みどころか週末も休めないよ。

44. **~に先立ち・先立って**：~에 앞서서

開店<ruby>開店<rt>かいてん</rt></ruby>に先立ち、店員皆<ruby>店員皆<rt>てんいんみな</rt></ruby>が参加<ruby>参加<rt>さんか</rt></ruby>する飲<ruby>飲<rt>の</rt></ruby>み会<ruby>会<rt>かい</rt></ruby>をした。

---

45. **~に際して**：~할 때

契約<ruby>契約<rt>けいやく</rt></ruby>に際して、この書類<ruby>書類<rt>しょるい</rt></ruby>を読<ruby>読<rt>よ</rt></ruby>んでください。

---

46. **~に応じて**：~에 맞춰

税金<ruby>税金<rt>ぜいきん</rt></ruby>は所得<ruby>所得<rt>しょとく</rt></ruby>に応じて変<ruby>変<rt>か</rt></ruby>わります。

---

47. **~をめぐって・めぐり**：~을 둘러싸고

遺産<ruby>遺産<rt>いさん</rt></ruby>をめぐり、家族<ruby>家族<rt>かぞく</rt></ruby>の間<ruby>間<rt>あいだ</rt></ruby>争<ruby>争<rt>あらそ</rt></ruby>いが起<ruby>起<rt>お</rt></ruby>こった。

---

48. **~といった**：~등

最近<ruby>最近<rt>さいきん</rt></ruby>はベトナムといった東南<ruby>東南<rt>とうなん</rt></ruby>アジアからの留学生<ruby>留学生<rt>りゅうがくせい</rt></ruby>が多<ruby>多<rt>おお</rt></ruby>い。

---

49. ～をはじめ : ~을 비롯해

この店はイチゴ<u>をはじめ</u>、リンゴ、みかんなど果物が多い。

---

50. ～にしろ～にしろ : ~도 ~도, ~든 ~든

参加する<u>にしろ</u>しない<u>にしろ</u>、ご連絡ください。

---

51. ～やら～やら : ~와 ~와 등

春になると、花粉症<u>やら</u>風邪<u>やら</u>で大変だ。

---

52. ～ものの : ~이지만, ~했지만

文法は覚えた<u>ものの</u>、まだ自然な会話は難しい。

---

53. ～あまり : 너무 ~한 나머지

面接の前、緊張<u>のあまり</u>、泣いてしまった。

---

54. **~あげく** : ~한 끝에

悩<ruby>なや<rt></rt></ruby>みの<mark>あげく</mark>、彼と別<ruby>わか<rt></rt></ruby>れることにした。

---

55. **~がち** : 자주 ~하다

ストレスが貯<ruby>た<rt></rt></ruby>まると忘れ<mark>がち</mark>になる

---

56. **~かねる** : ~하기 어렵다

彼の歌は、お世辞<ruby>せじ<rt></rt></ruby>にも上手<ruby>うま<rt></rt></ruby>いとは言い<mark>かねる</mark>。

---

57. **~かねない** : ~할 수도 있다

居眠<ruby>いねむ<rt></rt></ruby>り運転<ruby>うんてん<rt></rt></ruby>をすると大事故<ruby>だいじこ<rt></rt></ruby>になり<mark>かねない</mark>。

---

58. **~しかない** : ~하는 수밖에 없다

太るのが嫌<ruby>いや<rt></rt></ruby>なら運動<ruby>うんどう<rt></rt></ruby>する<mark>しかない</mark>。

59. **ざるを得ない** : ~하지 않을 수 없다

会社の方針なので従わざるを得ない。

---

60. **~以来** : ~한 이후 지금까지

結婚して以来、一人旅はしたことがない。

---

61. **~反面** : ~인 반면 (=半面)

彼は勉強は上手な反面、運動は下手だ。

---

62. **~抜きに・抜きで** : ~를 빼고

お世辞抜きに、あなたの料理は本当にうまいよ。

---

63. **~に限って・限り** : ~에 한해

本日限り50%セールします。

64. ~に決まっている : 분명히 ~할 것이다

能力があるから就職できる<mark>に決まっている</mark>。

---

65. ~にほかならない : ~임이 확실하다

私たちが出会ったのは運命<mark>にほかならない</mark>。

---

66. ~に違いない : 분명히 ~일 것이다

あのブランドのバックだから高かった<mark>に違いない</mark>。

---

67. ~というより : ~라고 하기보다는

トッポギとおでんはおやつ<mark>というより</mark>食事に近い。

---

68. ~にすぎない : 단지 ~일 뿐이다

彼の話は言い訳<mark>にすぎない</mark>。

---

69. ~恐れがある : ~할 우려가 있다

35度を超える真夏には熱中症の恐れがある。

---

70. ~からといって・からって : ~라고 해서

先輩だからといってなんでも知っているわけではない。

---

71. ~どころではない : ~할 상황이 아니다

明日が面接なので、お酒を飲むどころではない。

---

72. ~ながらも : ~하면서도, ~지만

留学生の時は貧しいながらも幸せだった。

---

73. のみならず : ~뿐 아니라

アニメは日本のみならず世界中で人気がある。

74. **～きり(だ)** : ~한 이후 그대로다

高校<ruby>こうこう</ruby>の友達とは、卒業式<ruby>そつぎょうしき</ruby>で会った きりだ 。

75. **～まい** : 절대 ~하지 않을 것이다

初恋が終わった時は、これから恋なんてする まい と思ったが…

일본어의 겸양어 · 정중어 · 존경어

겸양어	한국어에서 윗사람에게 무언가를 줄 때는 '드린다'라는 동사를 쓰는 것처럼 자기 자신을 낮추는 표현이다.
정중어	주로 자신과 같은 지위이거나 가깝지 않은 사람에게 쓰는 일반적인 존댓말. 가장 약한 수준의 존대 표현으로서 ~ます, ~です 문체가 정중어에 해당한다.
존경어	한국어에서 윗사람이 무언가를 먹을 때 '드시다'라는 동사를 쓰는 것처럼 윗사람의 행동을 높여서 표현한다.
미화어	존경, 겸양의 의미로 명사 앞에 붙이는 お 혹은 ご를 의미한다. 고유 일본어 앞에는 お, 한자어 앞에는 ご를 붙이는 것이 원칙이다. - 고유어(훈독으로 읽는 말) : 話、住まい → お話、お住まい - 한자어(음독으로 읽는 말) : 連絡、両 → ご連絡、ご両親 * 자주 쓰는 말에는 예외적으로 ご가 아닌 お를 붙인다. ① 자주 쓰는 말 : お電話(전화)、お返事(답장)、 　　　　　　　　お話(이야기) 등 ② 하나의 단어처럼 사용 : ご飯(밥, 식사)、お茶(차)、 　　　　　　　　お弁当(도시락) 등

* 겸양어를 사용하는 대상

나와 상대방의 1대 1 관계에서 나이, 직급에 따라 겸양어, 존경어를
사용하는 것은 한국과 같지만, 일본에서는 외부 사람에게 본인뿐만
아니라 자신이 속한 단체, 혹은 그에 속한 사람에 관해 이야기할 때
에도 겸양어를 사용한다.

예를 들어, 외부 사람에게 본인이 속한 회사의 사장을 소개할 때는
존칭인 ~さん을 붙이지 않고 이름만 말하며(こちらは田中です 이
쪽은 다나카입니다) 거래처 사람에게 '저희 직원이 찾아뵐 예정입
니다'라는 말을 할 때도 伺います와 같은 겸양어를 사용한다.

부록

1. 겸양어

(1) お/ご + Vます형/동작성 명사 + する : ~하다

자신의 행동을 낮춰 표현하는 가벼운 수준의 겸양어

資料は明日まで<ruby>お送り<rt>おく</rt></ruby>します。

資料は明日までお送りします。

자료는 내일까지 보내겠습니다.

昨日お借りした本はとても役立ちました。

어제 빌린 책은 매우 도움이 되었습니다.

(2) お/ご + Vます형/동작성 명사 + いたす : ~하다

する의 겸양어인 いたす(致す)를 사용해 더 정중히 표현

今年もよろしくお願いいたします。

올해도 잘 부탁드립니다.

先日ご連絡いたしましたキムミンヒです。

지난번에 연락 드렸던 김민희입니다.

(3) Vて형 + いただく : (상대방이) ~해 주시다

~てもらう의 겸양어. 상대에 대한 감사의 느낌이 담겨 있음.

先生に本を貸していただきました。

선생님께서 책을 빌려주셨습니다.

帰りの時、先輩の車に乗せていただきました。

돌아올 때, 선배가 차를 태워주셨습니다.

(4) V사역형 + いただく : ~하겠습니다

직역하면 '~시키심을 받겠습니다'로서 가장 정중한 겸양어

私用のため、明日は休ませていただきます。

개인적인 사정으로 내일은 쉬겠습니다. (직역 : 쉬게 하심을 받겠습니다)

では、会議を始めさせていただきます。

그럼, 회의를 시작하도록 하겠습니다. (직역 : 시작시키심을 받겠습니다)

2. 존경어

① ~れる/られる(V수동형) : ~하시다

동사 수동형을 이용한 가벼운 수준의 존경 표현

夏休みはゆっくり休まれましたか。

여름휴가는 편안히 쉬셨습니까?

今回、昇進されましたよね。おめでとうございます。

이번에 승진하셨네요. 축하드립니다.

② お/ご + Vます형/동작성 명사 + になる : ~하시다

훈독(飲む, 読む 등) 앞에는 お, 음독(発表, 外出 등) 앞에는 ご

今日は何時くらいにお帰りになりますか。

오늘은 몇 시쯤 들어가십니까?

今日の会議、ご出席になりますか。
오늘 회의에 참석하십니까?

③ お/ご + Vます형/동작성 명사 + です : ~하시다

동사, 동작을 의미하는 명사 등과 함께 사용

1時間前からお客さんがお待ちです。
1시간 전부터 손님이 기다리고 계십니다.

申込書と身分証はお持ちですか。
신청서와 신분증은 가지고 계십니까?

(4) お/ご + Vます형/동작성 명사 + くださる : ~해 주시다

くださる의 ます형은 くださいます. '~해 주세요'는 ~ください

こちらで少々お待ちください。
이쪽에서 잠시만 기다려 주십시오.

ご連絡くださいまして、ありがとうございます。
연락해 주셔서 감사드립니다.

3. 겸양어/존경어로서 별도의 동사를 사용하는 표현

사전형	겸양어	정중어	존경어
いる	おります	います	いらっしゃいます
行く	まいります	行きます	いらっしゃいます
来る	伺(うかが)います	来ます	
する	致(いた)す やります	します	なさいます
言う	申(もう)します 申(もう)し上(あ)げます	言います	おっしゃいます
見る	拝見(はいけん)します	見る	ご覧(らん)になります
食べる		食べます	召(め)し上(あ)がります
飲む	いただきます	飲みます	
もらう		もらいます	X
あげる	差(さ)し上(あ)げます	あげます	X
知っている	存(ぞん)じ上(あ)げています	知っています	ご存知(ぞんじ)です

＊ 伺います(사전형 伺う)는 묻다(聞く), 만나다(会う), 만나러 가다(会いに行く)의
겸양어로도 사용

부록

[주의해야 할 동사 활용]

* いらっしゃいます

　사전형　いらっしゃる

　て형　　いらっしゃって

　과거형　いらっしゃいました

* なさいます

　사전형　なさる

　て형　　なさって

　과거형　なさいました

* おっしゃいます

　사전형　おっしゃる

　て형　　おっしゃって

　과거형　おっしゃいました

MEMO

165